EL ORIGEN DE LA VIDA

A. I. OPARIN

EL ORIGEN
DE LA
VIDA

El origen de la vida

A. Oparin

Edición: 2005

© Derechos reservados conforme a la Ley, 2005
Ediciones Leyenda, S.A. de C.V.
Ciudad Universitaria No. 11
Col. Metropolitana 2a. Sección
Ciudad Nezahualcóyotl
Estado de México
C.P. 57730
Tel.: 57 65 73 50, Tel./Fax.: 57 65 72 59

ISBN 968-5146-06-3

Miembro de la Cámara Nacional
de la Industria Editorial, Reg. No. 3108

Prohibida la reproducción parcial o total de este libro por cualquier medio, ya sea magnético, fotográfico o facsimilar, o cualquier otro, sin el permiso específico por escrito del editor.

www.leyenda.com.mx
www.ediciones_leyenda@hotmail.com

Impreso en México - Printed in Mexico

CAPÍTULO I

*LA LUCHA DEL MATERIALISMO CONTRA
EL IDEALISMO Y LA RELIGIÓN EN TORNO
AL APASIONANTE Y DISCUTIDO
PROBLEMA DEL ORIGEN DE LA VIDA*

¿Qué es la vida? ¿Cuál es su origen? ¿Cómo han surgido los seres vivos que nos rodean? La respuesta a estas preguntas entraña uno de los problemas más grandes y difíciles de explicar que tienen planteado las Ciencias Naturales. De ahí que, consciente o inconscientemente, todos los hombres, no importa cuál sea el nivel de su desarrollo, se plantean estas mismas preguntas y, mal o bien, de una u otra forma, les dan una respuesta. He aquí, pues, que sin responder a estas preguntas no puede haber ninguna concepción del mundo, ni aun la más primitiva.

El problema que plantea el conocimiento del origen de la vida, viene desde tiempos inmemoriales, preocupando al pensamiento humano. No existe sistema filosófico ni pensador de merecido renombre que no hayan dado a este problema la mayor atención. En las diferentes épocas y distintos niveles del desarrollo cultural, al problema del origen de la vida se le aplicaban soluciones diversas, pero siempre se ha originado en torno a él una encarnizada lucha ideológica entre los dos campos filosóficos irreconciliables: el materialismo y el idealismo.

De ahí que, al observar la naturaleza que nos rodea, tratamos de dividirla en mundo de los seres vivos y mundo inanimado, o lo que es lo mismo, inorgánico. Sabido es que el mundo de los seres vivos está representado por una enorme variedad de especies animales y vegetales. Pero, no obstante y a pesar de esa variedad, todos los seres vivos, a partir del hombre hasta el más insignificante microbio, tienen algo de común, algo que los hace afines pero que, a la vez, distingue hasta a la bacteria más elemental de los objetos del mundo inorgánico. Ese algo es lo que llamamos vida, en el sentido más simple y elemental de esta palabra. Pero, ¿qué es la vida? ¿Es de naturaleza material, como todo el resto del mundo, o su esencia se halla en un principio espiritual sin acceso al conocimiento con base en la experiencia?

Si la vida es de naturaleza material, estudiando las leyes que la rigen podemos y debemos hacer lo posible por modificar o transformar conscientemente y en el sentido anhelado a los seres vivos. Ahora bien, si todo lo que sabemos vivo ha sido creado por un principio espiritual, cuya esencia no nos es dable conocer, deberemos limitarnos a contemplar pasivamente la naturaleza viva, incapaz ante fenómenos que se estiman no accesibles a nuestros conocimientos, a los cuales se atribuye un origen sobrenatural.

Sabido es que los idealistas siempre han considerado y continúan considerando la vida como revelación de un principio espiritual supremo, inmaterial, al que *denominan Alma, espíritu universal, fuerza vital, razón divina,* etc. Racionalmente considerada desde este punto de vista, la materia en si es algo exánime, inerte; es decir, inanimado. Por lo tanto, no sirve más que de materia para la formación de los seres vivos, pero éstos no pueden nacer ni existir más que cuando el alma introduce vida en ese material y le da a la estructura, forma y armonía.

Este concepto idealista de la vida constituye el fundamento básico de cuantas religiones hay en el mundo. A pesar de su gran diversidad todas ellas concuerdan en afirmar que un ser supremo (Dios) dio un alma viva a la carne inanimada y perecedera, y que esa partícula eterna del ser divino es precisamente lo vivo, lo que mueve y mantiene a los seres vivos. Cuando el alma se desprende, entonces no queda más que la envoltura material vacía, un cadáver que se pudre y descompone. La vida, pues, es una manifestación del ser divino, y por eso el hombre no puede llegar a conocer la esencia de la vida, ni, mucho menos, aprender a regularla. Tal es la conclusión fundamental de todas las religiones respecto de la naturaleza de la vida, y no se concibe ni se sabe de ninguna doctrina religiosa que no llegue a esa conclusión.

Sin embargo, el problema de la esencia de la vida siempre ha sido abordado de manera totalmente diferente por el materialismo, según el cual la vida, como todo lo demás en el mundo, es de naturaleza material y no necesita para ser perfectamente explicado, el reconocimiento de ningún principio espiritual supramaterial.

La vida no es más que la estructuración de una forma especial de existencia de la materia, que lo mismo se origina que se destruye siempre de acuerdo con determinadas leyes. La práctica, la experiencia objetiva y la observación de la naturaleza viva señalan el camino seguro que nos lleva al conocimiento de la vida.

Toda la historia de la ciencia de la vida —la biología nos muestra de diversas maneras lo fecundo que es el camino materialista en la investigación analítica de la naturaleza viva sobre la base del estudio objetivo, de la experiencia y de la práctica social histórica; de qué forma tan completa nos abre ese camino correspondiente a la esencia de la vida y cómo nos permite dominar la naturaleza viva, modificarla conscientemente en el sentido anhelado y transformarla en beneficio de los hombres que construyen el comunismo.

La historia de la biología nos brinda una cadena ininterrumpida de éxitos de la ciencia, que demuestran a plenitud la base cognoscitiva de la vida, y una sucesión ininterrumpida de fracasos del idealismo. Sin embargo, durante mucho tiempo ha habido un problema al que no había sido posible darle una solución materialista, constituyendo, por esa razón, un buen asidero para las lucubraciones idealistas de todo género. Ese problema era el origen de la vida.

A diario nos damos cuenta de cómo los seres vivos nacen de otros seres semejantes. El ser humano proviene de otro ser humano; la ternera, nace de una vaca; el polluelo sale del huevo puesto por una gallina; los peces proceden de las huevas puestas por otros peces semejantes; las plantas brotan de semillas que han madurado en plantas análogas. Empero, no siempre ha debido ser así. Nuestro planeta, la Tierra, tiene un origen, y, por lo tanto, tiene que haberse formado en cierto período. ¿Cómo aparecieron en ella los primeros ancestros de todos los animales y de todas las plantas?

De acuerdo con las ideas religiosas, no cabe duda de que todos los seres vivos habrían sido creados originalmente por Dios. Esta acción creadora del ser divino habría hecho aparecer en la Tierra, de golpe y en forma acabada, los primeros ascendientes de todos los animales y de todas las plantas que existen actualmente en nuestro planeta. Un hecho creador especial habría originado el nacimiento del primer hombre, del que descenderían seguidamente todos los seres humanos de la tierra.

Así, según la Biblia, el libro sagrado de los judíos y de los cristianos, Dios habría fabricado el mundo en seis días, con la particularidad de que al tercer día dio forma a las plantas, al quinto creó los peces y las aves, y al sexto las fieras y, finalmente, los seres humanos, en primer lugar al hombre y después a la mujer. El primer hombre, o sea Adán, habría sido creado por Dios, de un material inanimado, es decir, de barro; después lo habría dotado de un alma, convirtiéndolo así en un ser vivo.

Pero el estudio de la historia de la religión demuestra palmariamente que estos cuentos ingenuos acerca del origen repentino de los animales y de las plantas, que, de suerte, aparecen hechos y derechos, cual seres organizados, se apoyan en la ignorancia y en una suposición simplista de la observación somera y superficial de la naturaleza que nos rodea.

Esta fue la razón fundamental de que por espacio de muchos siglos se creyese que la tierra era plana y se mantenía inmóvil, que el Sol giraba alrededor de ella apareciendo por el Oriente y ocultándose tras el mar o las montañas, por el Occidente. Esa misma observación superficial y simplista hacia creer muchas veces a los hombres que diferentes seres vivos, como por ejemplo, los insectos, los gusanos y también los peces, las aves y los ratones, no sólo podían nacer de otros animales semejantes, sino que también brotar directamente, generarse y nacer de un modo espontáneo a partir del lodo, del estiércol, de la tierra y de otros materiales inanimados, inertes. Siempre que el hombre tropezaba con la generación masiva y repentina de seres vivos, consideraba el caso como una prueba irrefutable de la generación espontánea de la vida.

Y aún ahora, existen ciertas gentes incultas que están convencidas de que los gusanos se generan en el estiércol y en la carne podrida, y que diversos parásitos caseros nacen espontáneamente como consecuencia de los desperdicios, las basuras y toda clase de suciedades e inmundicias. Su observación superficial no advierte que los desperdicios y las basuras sólo son el lugar, el nido donde los parásitos colocan sus huevos, que más tarde dan origen al nacimiento de nuevas generaciones de seres vivos.

En efecto, muy antiguas teorías de la India, Babilonia y Egipto, nos advierten de esa generación espontánea de gusanos, moscas y escarabajos que surgen del estiércol y de la basura; de piojos que se generan en el sudor humano; de ranas, serpientes, ratones y cocodrilos engendrados por el lodo del río Nilo, de luciérnagas que se consumen. Todas estas fantasías relativas a la generación espontánea correspondían en dichas teorías con las leyendas, mitos vulgares y tradiciones religiosas. Todas las apariciones repentinas de seres vivos, como caídos del cielo, eran interpretadas exclusivamente como manifestaciones parciales de la voluntad creadora de los dioses o de los demonios.

En la antigua Grecia, muchos filósofos materialistas refutaban ya esa definición religiosa del origen de los seres vivos. Sin embargo, el transcurso de la historia facilitó que en los siglos siguientes se desenvolviera y llegase a preponderar una especulación teórica enemiga del materialismo: la concepción idealista de Platón, filósofo de la antigua Grecia.

De acuerdo con las ideas de Platón tanto la materia vegetal como la animal, por sí solas, carecen de vida y sólo pueden vivificarse cuando el alma inmortal, la "psique", penetra en ellas.

Esta idea de Platón representó un gran papel contradictorio y, por tanto, negativo en el desenvolvimiento posterior del problema que estamos examinando.

Diríase que, hasta cierto punto, la teoría de Platón se reflejó también en la doctrina de otro filósofo de la antigua Grecia, Aristóteles, más tarde convertida en fundamento básico de la cultura medieval y que predominó en el pensamiento de los pueblos por espacio de casi dos mil años.

En sus obras, Aristóteles no se circunscribió a detallar numerosos casos de seres vivos que, según su creencia, aparecían espontáneamente, sino que, además, dotó a este fenómeno de una cierta base teórica. Aristóteles consideraba que los seres vivos, al igual que todos los demás objetos concretos, se formaban mediante la conjugación de determinado principio pasivo: la materia; con un principio activo: la forma. Esta última sería para los seres vivos la "entelequia del cuerpo", es decir, el alma. Ella era la que daba forma al cuerpo y la que lo movía. En consecuencia, resulta que la materia carece de vida, pero es abarcada por ésta, adquiere forma armónicamente y se organiza con ayuda de la fuerza anímica, que infiltra vida a la materia y la mantiene viva.

Las ideas aristotélicas tuvieron gran influencia sobre toda la historia posterior del problema del origen de la vida. Todas las escuelas filosóficas ulteriores, lo mismo las griegas que las romanas, participaron plenamente de la idea de Aristóteles respecto de la generación espontánea de los seres vivos, A la vez, con el transcurso del tiempo, la base teórica de la generación espontánea y repentina fue tomando un carácter cada vez más idealista y hasta místico.

Este último carácter lo adquirió, muy particularmente, a principios de nuestra era, especialmente entre los neoplatónicos. Plotino, jefe de esta escuela filosófica, muy divulgada en aquella época, afirmaba que los seres vivos habían surgido en el pasado y surgían todavía cuando la materia era animada por el espíritu vivificador. Se supone, pues, que fue Plotino el primero que formuló la idea de la "fuerza vital", la cual pervive aún hoy día en las doctrinas reaccionarias de los vitalistas contemporáneos.

Para describir en detalle el origen de la vida, el cristianismo de la antigüedad se basaba en la Biblia, la cual a su vez había copiado de las leyendas religiosas de Egipto y Babilonia. Los intérpretes de la teología de fines del siglo IV y principios del V, o sea los llamados padres de la iglesia, mezclaron estas leyendas con las doctrinas de los neoplatónicos, fincando sobre esta base su propia elaboración mística del origen de la vida, totalmente mantenida hasta nuestros días por todas las doctrinas cristianas.

Basilio de Cesárea, obispo de mediados del siglo IV de nuestra era, en sus prédicas respecto de que el mundo había sido formado en seis días, decía que, por voluntad divina, la Tierra había concebido de su propio seno las distintas hierbas, raíces y árboles, así como también las langostas, los insectos, las ranas y las serpientes, los ratones, las aves y las anguilas. "Esta voluntad divina —dice Basilio— continúa manifestándose hoy día con fuerza indeclinable."

El "beato" Agustín, que fuera contemporáneo de Basilio y una de las autoridades más conspicuas e influyentes de la Iglesia católica, intentó justificar en sus obras, desde el punto de vista de la concepción cristiana del mundo, el surgimiento de la generación espontánea de los seres vivos.

Agustín aseveraba que la generación espontánea de los seres vivos era una manifestación de la voluntad divina, un acto mediante el cual el "espíritu vivificador", las "invisibles simientes" infiltraban vida propia a la materia inanimada. Así fue como Agustín fundamentó la plena concordancia de la teoría de la generación espontánea con los principios dogmáticos de la Iglesia cristiana.

La Edad Media agregó muy poco a esta teoría anticientífica. En el medioevo, las ideas filosóficas, no importa cuál fuese su carácter, sólo podían sostenerse si iban envueltas en una capa teológica, si se cobijaban con el manto de tal o cual doctrina de la Iglesia. Los problemas de las Ciencias Naturales fueron postergados a segundo plano.

Para opinar acerca de la naturaleza circundante, no se practicaba la observación ni la experiencia, sino que se recurría a la Biblia y a las escrituras teológicas. Únicamente noticias muy escasas acerca de problemas de las matemáticas, de la astronomía y de la medicina arribaban a Europa procedentes del Oriente.

Del mismo modo, y a través de traducciones frecuentemente muy tergiversadas, llegaron a los pueblos europeos las obras de Aristóteles. Al principio su doctrina se estimó peligrosa, pero luego, cuando la Iglesia se dio cuenta de que podía utilizarla con gran provecho para muchos de sus fines, embarneció a Aristóteles elevándolo a la categoría de "precursor de Cristo en los problemas de las Ciencias Naturales". Y según la acertada expresión de Lenin, "la escolástica y el clericalismo no tomaron de Aristóteles lo vivo, sino lo muerto..."[1] Por lo que respecta en particular al problema del origen de la vida, se

---

[1] V. I. Lenin, *Cuadernos Filosóficos*. Pág. 304. Editorial del Estado de Literatura Política, 1947.

había expandido muy ampliamente la teoría de la generación espontánea de los organismos, cuya esencia consistía, a juicio de los teólogos cristianos, en la vivificación de la materia inanimada por el "eterno espíritu divino".

En calidad de ejemplo, podríamos citar a Tomás de Aquino, por ser éste uno de los teólogos más afamados de la Edad Media, cuyas doctrinas continúan siendo hoy día, para la Iglesia católica, la única filosofía verdadera. En sus obras, Tomás de Aquino manifiesta que los seres vivos aparecen al ser animada la materia inerte. Así se originan de modo muy particular, al pudrirse el lodo marino y la tierra abonada con estiércol, las ranas, las serpientes y los peces. Incluso los gusanos que en el infierno martirizan a los pecadores, surgen allí según Tomás de Aquino, como consecuencia natural de la putrefacción de los pecados. Tomás de Aquino fue siempre un gran defensor y un constante propagandista de la demonología militante. Para él, el diablo existe en la realidad y es, además, jefe de todo un tropel de demonios. Por eso aseguraba que la aparición de parásitos malignos para el hombre, no sólo puede surgir obedeciendo a la voluntad divina, sino también por las argucias del diablo y de las fuerzas del mal a él sometidas. La expresión práctica de estas concepciones proviene de los numerosos procesos incoados en la Edad Media, contra las "brujas", a las que se acusaba de lanzar contra los campos ratones y otros animales dañinos que destruían las cosechas.

La Iglesia cristiana occidental adoptó de la doctrina reaccionaria de Tomás de Aquino, hasta convertirla en severo dogma, la teoría de la generación espontánea y repentina de los organismos. según la cual los seres vivos se originarían de la materia inerte, al ser animada ésta por un principio espiritual. Este era también el punto de vista sostenido por las que fue obispo de Rostov y vivió en tiempos de Pedro I, también sostenía en sus obras el principio de la generación jerarquías teológicas de la Iglesia oriental. Así, Demetrio, espontánea, de manera por demás bastante curiosa para nuestras ideas actuales. Según él, durante el diluvio universal, Noé no había acogido en su arca ratones, sapos, escorpiones, cucarachas ni mosquitos, es decir, ninguno de esos animales que "nacen del cieno y de la podredumbre... y que se engendran en el rocío", Todos estos seres vivos murieron con el diluvio y "después del diluvio renacen engendrados de esas mismas substancias."

La religión cristiana al igual que todas las demás religiones del mundo, continúa sosteniendo hoy día que los seres vivos han surgido y surgen de pronto y enteramente constituidos por generación espontánea, a consecuencia de un hecho creador del ser divino y sin ninguna relación con el desarrollo o evolución de la materia.

Sin embargo, al ahondar en el estudio de la naturaleza viva, los hombres de ciencia han llegado a demostrar que esa generación espontánea y repentina de seres vivos no surge en ninguna parte del mundo que nos rodea. Esto quedó establecido y demostrado a mediados del siglo XVII para los organismos con un cierto grado de desarrollo, especialmente para los gusanos, los insectos, los reptiles y los animales anfibios. Investigaciones posteriores patentizaron este aserto, también por lo que respecta a seres vivos de formación más simple; de suerte que incluso los microorganismos más sencillos, que aun no siendo perceptibles a simple vista, nos rodean por todas partes, poblando la tierra, el agua y el aire.

Vemos, pues, que el "hecho" de la generación espontánea de seres vivos, que teólogos de diferentes religiones querían explicar como un hecho en que el espíritu vivificador infiltraba vida a la materia inerte y que implicaba la base de todas las teorías religiosas del origen de la vida, vino a ser un "hecho" inexistente, ilusorio, basado en observaciones falsas y en la ignorancia de sus interpretadores.

En el siglo XIX se aplicó otro golpe demoledor a las ideas religiosas, respecto del origen de la vida. C. Darwin y, posteriormente, otros muchos hombres de ciencia, entre los cuales están los investigadores rusos K. Timiriázev, los hermanos A. y Y. Kovalevski, I. Mécnikiv y otros, demostraron que, a diferencia de lo que afirman las Sagradas Escrituras, nuestro planeta no había estado poblado siempre por los animales y las plantas que nos rodean en la actualidad. Por el contrario, las plantas y los animales superiores, comprendido el hombre, no surgieron de pronto, al mismo tiempo que la Tierra, sino en épocas posteriores de nuestro planeta y a consecuencia del desarrollo progresivo de otros seres vivos más simples. Estos, a su vez, tuvieron su origen en otros organismos todavía más simples y que vivieron en épocas anteriores. Y así, sucesivamente, hasta llegar a los seres vivos más sencillos.

Estudiando los organismos fósiles de los animales y de las plantas que poblaron la Tierra hace muchos millones de años, podemos llegar a convencernos, en forma tangible, de que en aquellas lejanas épocas la población viviente de la Tierra era diferente a la actual, y de que cuanto más avanzamos en la inmensa profundidad de los siglos comprobamos que esa población es cada vez más simple y menos variada. Descendiendo gradualmente, de peldaño en peldaño, y estudiando la vida en formas cada vez más antiguas, llegamos a concluir cómo fueron los seres vivos más simples, muy semejantes a los microorganismos de nuestros días, y que en pasados tiempos eran los únicos que poblaban la Tierra. Pero, a la vez, también surge inevitablemente la cuestión del punto de origen de las manifestaciones más simples y más primitivas de la naturaleza viva, las cuales constituyen el punto de arranque de todos los seres vivos que pueblan la Tierra.

Las Ciencias Naturales, al mismo tiempo que rechazan la posibilidad de que lo vivo se engendrase al margen de las condiciones concretas del desarrollo del mundo material, debían explicar el paso de la materia inanimada a la vida, es decir, explicar, por tanto, la transmutación de la materia y el origen de la vida.

En los notables trabajos de F. Engels —*Anti-Dühring y Dialéctica de la naturaleza*—, en sus geniales generalizaciones de los avances de las Ciencias Naturales, se presenta el único planteamiento correcto y científico acerca del problema del origen de la vida. Engels indicó también la ruta que habían de llevar en lo sucesivo las investigaciones en este terreno, camino por el que transita y avanza con todo éxito la biología soviética.

Engels refutó por anticientífico el criterio de que lo vivo puede originarse al margen de las condiciones en que se desarrolla la naturaleza e hizo patente el lazo de unidad existente entre la naturaleza viva y la naturaleza inanimada. Basándose en fehacientes pruebas científicas, Engels consideraba la vida como una consecuencia del desarrollo, como una transmutación cualitativa de la materia, condicionada en el período anterior a la aparición de la vida por una cadena de cambios graduales sucedidos en la naturaleza y condicionados por el desarrollo histórico.

La meritoria importancia de la teoría darwiniana, consistió en haber aportado una explicación científica, una explicación materialista al surgimiento de los animales y plantas trascendentes mediante el conocimiento progresivo del mundo vivo y en haberse servido del método histórico para resolver los problemas biológicos. Sin embargo, en el problema mismo del origen de la vida, muchos naturalistas continúan sosteniendo, aun después de Darwin, el anticuado método metafísico de atacar este problema. El mendelismo-morganismo, muy usual en los medios científicos de América y de Europa occidental, mantiene la tesis de que los poseedores de la herencia, al igual que de todas las demás particularidades substanciales de la vida, son los genes, partículas de una substancia especial acumulada en los cromosomas del núcleo celular, Estas partículas habrían aparecido repentinamente en la Tierra, en alguna época, conservando práctica e invariablemente su estructura definitiva de la vida, a lo largo de todo el desenvolvimiento de ésta. Vemos, por consiguiente, que desde el punto de vista mantenido por los mendelistas-morganistas, el problema del origen de la vida se constriñe a saber cómo pudo surgir repentinamente esta partícula de substancia especial, poseedora de todas las propiedades de la vida.

La mayoría de los autores extranjeros que se preocupan de esta cuestión (por ejemplo, Devillers en

Francia y Alexander en Norteamérica), lo hacen de un modo por demás simplista. Según ellos, la molécula del gene aparece en forma puramente casual, gracias a una "operante" y feliz conjunción de átomos de carbono, hidrógeno, oxígeno, nitrógeno y fósforo, los cuales se conjugan "solos", para constituir una molécula excepcionalmente compleja de esta substancia especial que contiene desde el primer momento todas las propiedades de la vida.

Ahora bien, esa "circunstancia feliz" es tan excepcional e insólita que únicamente podría haber sucedido una vez en toda la existencia de la Tierra. A partir de ese instante, sólo se produce una incesante multiplicación del gene, de esa substancia especial que ha aparecido una sola vez y que es eterna e inmutable.

Está claro, pues, que esa "explicación" no explica en esencia absolutamente nada. Lo que diferencia a todos los seres vivos sin excepción alguna, es que su organización interna está extraordinariamente adaptada; y podríamos decir que perfectamente adaptada a las necesidades de determinadas funciones vitales: la alimentación, la respiración, el crecimiento y la reproducción en las condiciones de existencia dadas. ¿Cómo ha podido suceder mediante un hecho puramente casual, esa adaptación interna, tan determinativa para todas las formas vivas, incluso para las más elementales?

Los que sostienen ese punto de vista, rechazan en forma anticientífica el orden regular del proceso que infiltra origen a la vida, pues consideran que esta realización, el más importante acontecimiento de la vida de nuestro planeta, es puramente casual y, por lo tanto, no pueden darnos ninguna respuesta a la pregunta formulada, cayendo inevitablemente en las creencias más idealistas y místicas que aseveran la existencia de una voluntad creadora primaria de origen divino y de un programa determinado para la creación de la vida.

Así en el libro de Schroedinger ¿Qué es la vida desde el punto de vista físico?, publicado no hace mucho; en el libro del biólogo norteamericano Alexander: La vida, su naturaleza y su origen, y en otros autores extranjeros, se afirma muy clara y terminantemente que la vida sólo pudo surgir a consecuencia de la voluntad creadora de Dios. En cuanto al mendelismo-morganismo, éste se esfuerza por desarmar en plano ideológico a los biólogos que luchan contra el idealismo, esforzándose por demostrar que el problema del origen de la vida —el más importante de los problemas ideológicos— no puede ser resuelto manteniendo una posición materialista.

Sin embargo, esa aserción es absolutamente falsa, y puede rebatirse fácilmente abordando el asunto que nos ocupa y sosteniendo el punto de vista de lo que constituye la única filosofía acertada y científica; es decir, el materialismo dialéctico.

El materialismo dialéctico enseña que la vida es de naturaleza material. Más, sin embargo, la vida no es, en realidad, una propiedad inseparable de toda la materia en general. Por el contrario, la vida sólo es inherente a los seres vivos, pues sabido es que carecen de ella todos los objetos y materiales del mundo inorgánico. La vida es una manifestación especial del movimiento de la materia. Pero esta manifestación o forma especial no ha existido eternamente ni está desunida, de la materia inorgánica por un abismo insalvable, sino que, por el contrario, surgió de esa misma materia en el curso del desarrollo del mundo, como una nueva cualidad.

El materialismo dialéctico nos enseña que la materia nunca está en reposo, sino que se halla en constante movimiento, se desarrolla y en su expansión se eleva a planos cada vez más altos, tomando formas de movimiento cada vez más complejas y más perfectas.

Al elevarse de un plano inferior a otro superior, la materia va adquiriendo nuevas cualidades que antes no tenía, lo cual quiere decir que la vida es, por tanto, una nueva cualidad, que aflora como una etapa determinada, como determinado escalón del desarrollo histórico de la materia. Por lo expuesto se descubre claramente que el camino principal que nos lleva con seguridad y acierto a la solución del problema del origen de la vida es, sin duda alguna, el estudio del desarrollo histórico de la materia, es decir, de ese desarrollo que en otros tiempos condujo a la aparición de una nueva cualidad: a la aparición de la vida.

Ahora bien, el surgimiento de la vida no tuvo efecto de golpe, como trataban de demostrar los sostenedores de la generación espontánea y repentina. Por lo contrario, hasta los seres vivos más simples poseen una estructura tan compleja que, de ninguna manera pudieron haber surgido de golpe; pero sí pudieron y debieron formarse mediante mutaciones continuadas y sumamente prolongadas de las substancias que los integran. Estas mutaciones, estos cambios, se produjeron hace mucho tiempo cuando la Tierra aún se estaba formando y en los períodos primarios de su existencia. De aquí, precisamente, que para resolver acertadamente el problema del origen de la vida haya que dedicarse ahincadamente al estudio de esas transformaciones, a la historia de la formación y del desarrollo de nuestro planeta.

En las obras de V. Lenin, encontramos una idea muy profunda respecto del origen evolutivo de la vida. "Las Ciencias Naturales —decía Lenin— afirman positivamente que la Tierra existió en un estado tal que ni el hombre ni ningún otro ser viviente habitaban ni podían habitarla. La materia orgánica es un fenómeno posterior, fruto de un desarrollo muy prolongado".[2]

A principios de siglo, al analizar en su obra ¿Anarquismo o socialismo?, fundamentos de la teoría materialista, V. Stalin expresó muy concretamente que el origen de la vida había seguido un proceso evolutivo. "Nosotros sabemos, por ejemplo —decía Stalin—, que en un tiempo la Tierra era una masa ígnea incandescente después se fue enfriando poco a poco, más tarde surgieron los vegetales y los animales, al desarrollo del mundo animal siguió la aparición de una determinada variedad de simios y luego, a todo ello, sucedió la aparición del hombre".

"Así se ha producido, en líneas generales, el desarrollo de la naturaleza."[2]

Merece mencionar el hecho de que el camino evolutivo fue señalado por V. Stalin en una época en que aún no había sido publicada la *Dialéctica de la naturaleza*,[3] de Engels, y cuando en el problema del origen de la vida preponderaba entre los naturalistas

---

[2] V. I. Lenin, *Materialismo y empiriocriticismo*. Pág. 71. Ed. en español. Moscú, 1948. J. V. Stalin, Obras, t. 1, pág. 318, ed. en español, Moscú, 1953.
[3] F. Engels, *Dialéctica de la naturaleza*. Fue escrita por Engels entre 1873 y 1883 y publicada por primera vez en 1925 por Ryazanov (N. del traductor).

(incluso entre los avanzados) el principio mecanicista. Es únicamente en la segunda década del siglo XX cuando la aplicación del principio evolutivo al estudio del problema que nos ocupa empieza a alcanzar gran desarrollo en las Ciencias Naturales. Acerca de esto podemos señalar, de manera muy particular, la opinión de nuestro célebre compatriota K. Timiriázev, pues en su artículo de los anales científicos de 1912, refiriéndose al asunto del origen de la vida dice: " ... Nos vemos obligados a admitir que la materia viva ha seguido el mismo camino que los demás procesos materiales, es decir, el camino de la evolución". "La hipótesis de la evolución, que ahora se expande no sólo a la biología sino también a las demás ciencias de la naturaleza, —a la astronomía, la geología, la química y la física—, nos convence de que esta evolución también se produjo probablemente al realizarse el paso del mundo inorgánico al orgánico."

Entre los trabajos publicados en la Unión Soviética, es digno de destacarse especialmente el libro del académico Y. Komarov: Origen de las plantas. Komarov analiza y refuta la teoría de la eternidad de la vida y la suposición de que los seres vivos vinieron a la tierra procedentes de los espacios interplanetarios, y añade: "La única teoría científica es la teoría bioquímica del origen de la vida, el profundo convencimiento de que su aparición no fue sino una de las etapas sucesivas de la evolución general de la materia, de esa complicación cada vez mayor de la serie de compuestos carbonadas del nitrógeno."

Actualmente, el principio básico del desarrollo evolutivo de la materia es admitido ya por muchos naturalistas, no sólo en la Unión Soviética, sino también en otros países.

Pero la mayoría de los investigadores de los países capitalistas solamente admiten este principio como aplicable al período de la evolución de la materia que antecede a la aparición de los seres vivos. Pero cuando se refiere a esta etapa, la más importante de la historia del desarrollo de la materia, estos investigadores resbalan inevitablemente hacia las viejas posiciones mecanicistas, se acogen o invocan la "feliz casualidad" o buscan la explicación en incognoscibles o inescrutables fuerzas físicas.

En el problema del origen de la vida, las modernas Ciencias Naturales tienen trazada la tarea de presentar un cuadro acertado de la evolución sucesiva de la materia que ha culminado en la aparición de los primitivos seres vivos, de estudiar, con base en los datos proporcionados por la ciencia, las diferentes etapas del desarrollo histórico de la materia y descubrir las leyes naturales que han ido apareciendo sucesivamente en el proceso de la evolución y que han producido el devenir de la vida.

CAPÍTULO II

*ORIGEN PRIMITIVO
DE LAS SUBSTANCIAS ORGÁNICAS MÁS
SIMPLES: LOS HIDROCARBUROS
Y SUS DERIVADOS*

En lo fundamental, todos los animales, las plantas y los microbios están constituidos por las denominadas substancias orgánicas. La vida sin ellas es inexplicable. Por lo tanto, la primera etapa del origen de la vida tuvo que ser la formación de esas substancias, el surgimiento del material básico que después habría de servir para la formación de todos los seres vivos.

Lo primero que diferencia a las substancias orgánicas de todas las demás substancias de la naturaleza inorgánica, es que en su contenido se encuentra el carbono como elemento fundamental. Esto puede verificarse fácilmente calentando hasta una alta temperatura diversos materiales de origen animal o vegetal. Todos ellos pueden arder cuando se les calienta donde hay presencia de aire y se carbonizan cuando al calentarlos se impide la penetración del aire, mientras que los materiales de la naturaleza inorgánica —las piedras, el cristal, los metales, etc.—, jamás llegan a carbonizarse, por más que los calentemos.

En las substancias orgánicas, el carbono se halla combinado con diversos elementos: con el hidrógeno y el oxígeno (estos dos elementos forman el agua), con el nitrógeno (éste está presente en el aire en grandes cantidades), con el azufre, el fósforo, etc. Las diferentes substancias orgánicas no son sino diversas combinaciones de esos elementos, pero en todas ellas se encuentra siempre el carbono como elemento básico. Las substancias orgánicas más elementales y simples son los hidrocarburos o composiciones de carbono e hidrógeno. El petróleo natural y otros varios productos obtenidos de él, como la gasolina, el keroseno, etc., son mezclas de diferentes hidrocarburos. Partiendo de todas estas substancias, los químicos consiguen obtener fácilmente, por síntesis, numerosos combinados orgánicos, a veces muy complicados y en muchas ocasiones idénticos a los que podemos tomar directamente los seres vivos, como son los azúcares, grasas, los aceites esenciales, etc. ¿Cómo han llegado a formarse primeramente en nuestro planeta las substancias orgánicas? Cuando acometí por vez primera el estudio del problema del origen de la vida —de ello hace exactamente 30 años—, el origen primario de las substancias orgánicas me pareció un problema bastante enigmático y hasta inaprensible al entendimiento y al estudio. Esta opinión era producto de la observación directa de la naturaleza, pues observaba que la inmensa mayoría de las substancias orgánicas inherentes al mundo de los seres vivos se producen actualmente en la Tierra por efecto de la función activa y vital de los organismos. Las plantas verdes atraen y absorben del aire el carbono inorgánico en calidad de anhídrido carbónico, y sirviéndose de la energía de la luz forman, a partir de él, las substancias orgánicas que necesitan. Los animales, los hongos, así como las bacterias y todos los demás organismos que no poseen color verde, se proveen de las substancias orgánicas necesarias nutriéndose de animales o vegetales vivos o descomponiéndolos una vez muertos. Así vemos cómo todo el mundo actual de los seres vivos se sostiene gracias a los dos hechos análogos de fotosíntesis y quimiosíntesis que acabamos de explicar. Más aún; incluso las substancias orgánicas que se hallan en las entrañas de la envoltura terrestre, como son la turba, los yacimientos de hulla y de petróleo, etc., todas ellas han surgido, en lo fundamental, por efecto de la actividad de numerosos organismos que en tiempos lejanos vivieron en nuestro planeta y que más tarde quedaron sepultados en la macicez de la corteza terrestre.

Por todo esto, muchos hombres de ciencia de fines del siglo pasado y de principios de éste, aseguraban que las substancias orgánicas no pueden producirse en la Tierra, en contextos naturales, más que mediante un proceso biogenético, es decir, solamente con la intervención de los organismos. Esta opinión, que prevalecía en la ciencia hace 30 años, obstaculizó considerablemente la solución del problema del origen de la vida. Parecía que había formado un círculo vicioso del que era imposible evadirse. Para abordar el origen de la vida era necesario entender cómo se constituían las substancias orgánicas; pero se daba el caso de que éstas únicamente podían ser sintetizadas por organismos vivos. Ahora bien, a esta síntesis sólo es dable llegar si nuestras observaciones no traspasan los límites de nuestro planeta. Si rebasamos esos límites veremos que en diversos cuerpos celestes de nuestro mundo estelar se están creando substancias orgánicas abiogenéticamente, o sea, en un estado ambiental que excluye toda posibilidad de que allí haya seres orgánicos.

El espectroscopio nos permite estudiar la fórmula o composición química de las atmósferas estelares, y a veces casi con la misma exactitud que si tuviéramos muestras de ellas en nuestro laboratorio. El carbono se manifiesta ya en la atmósfera de las estrellas tipo O, que son las más calientes, y se diferencian de los demás astros por su extraordinario brillo. Incluso en su superficie dichas estrellas contienen una temperatura que fluctúa entre los 20,000 y los 28,000 grados. Se comprende, pues, que en esas

EL CARBONO EN LAS ESTRELLAS

Las diferentes estrellas se hallan en diversos periodos de desarrollo. En cualquier estrella puede revelarse la presencia de carbono, pero su estado no es exactamente el mismo en todas ellas.

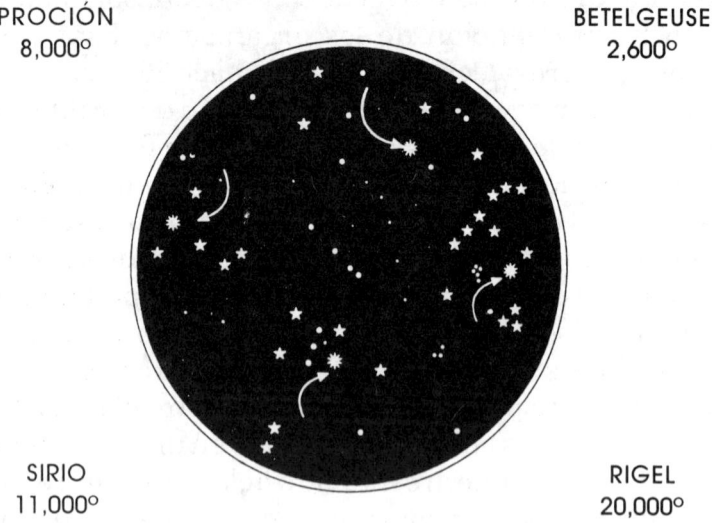

PROCIÓN
8,000°

BETELGEUSE
2,600°

SIRIO
11,000°

RIGEL
20,000°

Las estrellas jóvenes, que son las más calientes y de un color blanco-azulado, poseen una temperatura tan elevada que, incluso en su superficie, pasa de los 20,000°.
Todos los elementos, entre ellos el carbono, se hallan en ellas en forma de átomos, de minúsculas partículas sueltas.
En las estrellas blancas y blanco-amarillentas, en cuya superficie hay una temperatura de 10,000° a 12,000°, los átomos de carbono principian a combinarse con átomos de hidrógeno.

EL CARBONO EN LAS ESTRELLAS

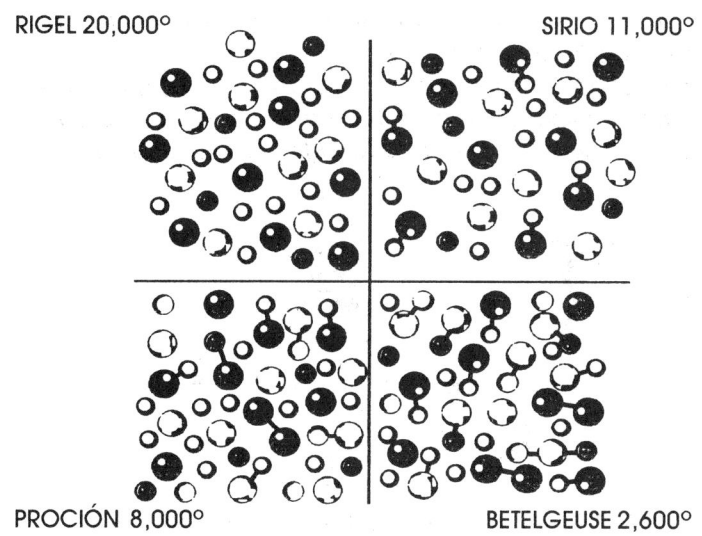

SIGNOS CONVENCIONALES:

En las estrellas amarillas, cuya superficie alcanza una temperatura de 6,000° a 8,000°, aparecen también diversas combinaciones de carbono.
Aún son más variadas las combinaciones que se forman en las estrellas rojas, las cuales se hallan en proceso de extinción y en cuya superficie reinan temperaturas de 2,000° a 4,000°.

EL CARBONO EN EL SOL

Nuestro Sol es una estrella amarilla, en cuya superficie reina una temperatura de 6,000°.
En la atmósfera incandescente del sol el carbono no se halla únicamente en estado atómico libre, sino que está también desarrollando variadas combinaciones:

LA SUPERFICIE DEL SOL, CON GRÁNULOS Y MANCHAS

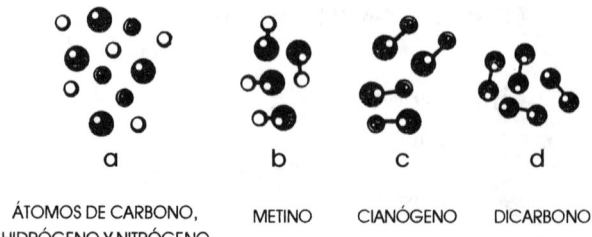

a

b

c

d

ÁTOMOS DE CARBONO, HIDRÓGENO Y NITRÓGENO

METINO   CIANÓGENO   DICARBONO

a) Átomos dispersos de carbono, hidrógeno y nitrógeno;
b) Miscibilidad combinada de carbono e hidrógeno metino;
c) Miscibilidad combinada de carbono y nitrógeno (cianógeno); y
d) Mezcla combinada de dos átomos de carbono (dicarbono).

situaciones no puede prevalecer todavía ninguna combinación química. La materia está aquí en forma relativamente simple, como átomos libres disgregados, sueltos como pequeñísimas partículas que forman la atmósfera incandescente de estas estrellas.

La atmósfera de las estrellas tipo B, que destellan una luz brillante blanco-azulada y cuya corteza tiene una temperatura de 15,000 a 20,000 grados, también incluye vapores incandescentes de carbono. Pero este elemento tampoco alcanza a formar aquí cuerpos químicos compuestos, sino que existe en forma atómica, es decir, como minúsculas partículas sueltas de materia que se mueven muy rápidamente.

Únicamente la visión espectral de las estrellas blancas tipo A, en cuya superficie impera una temperatura de... 12,000°, nos deja ver por vez primera unas franjas tenues, que indican la existencia de hidrocarburos —las primeras combinaciones químicas— en la atmósfera de esas estrellas. Aquí, por vez primera, los átomos de dos elementos (el carbono y el hidrógeno) se han combinado y el resultado ha sido un cuerpo más complejo, una molécula química.

En las visiones espectrales de las estrellas más frías, las franjas inherentes a los hidrocarburos se manifiestan más limpias a medida que baja la temperatura y adquieren su máxima claridad en las estrellas rojas, en cuya superficie la temperatura es de 4,000°.

Nuestro Sol abarca una situación intermedia en ese sistema estelar. Pertenece a las estrellas amarillas de tipo G. Se ha concluido que la temperatura de la atmósfera solar es de 5,800 a 6,300°. Pero en las capas superiores desciende a 5,000°, y en las más profundas al alcance aun de nuestras investigaciones suele elevarse hasta los 7,000°. Los análisis espectroscópicos han probado que parte del carbono permanece aquí combinado con el hidrógeno (CH-metino). Al mismo tiempo, en la atmósfera solar se puede encontrar una combinación del carbono con el nitrógeno (CH-cianógeno). Además, en la atmósfera solar se ha encontrado por primera vez el llamado dicarbono (C^2), que es una mezcla o combinación de dos átomos de carbono entre sí.

Vemos, pues, que en el curso de la evolución del Sol, el carbono, elemento que nos interesa en este momento, ya ha pasado de una forma de existencia a otra.

En la atmósfera de las estrellas más calientes, el carbono se manifiesta en forma de átomos libres y disgregados. En el Sol, ya lo vemos, en parte, haciendo combinaciones químicas, formando moléculas de hidrocarburo de cianógeno y de dicarbono.

Para solucionar el problema que estamos examinando, promete un gran interés el estudio de la atmósfera de los grandes planetas de nuestro sistema solar. Las investigaciones han descubierto que la atmósfera de Júpiter está formada en gran parte por amoniaco y metano. Esto da motivos para suponer que también existen otros hidrocarburos. Ahora bien, debido a la baja temperatura que hay en la superficie de Júpiter (135° bajo cero), la masa básica de estos hidrocarburos permanece en estado líquido o sólido. Las mismas combinaciones se manifiestan en la atmósfera de todos los grandes planetas.

Es de excepcional importancia el estudio de los meteoritos, esas "piedras celestes" que de tanto en tanto descienden sobre la tierra procedentes de los espa-

ESTRUCTURA DEL GLOBO TERRÁQUEO

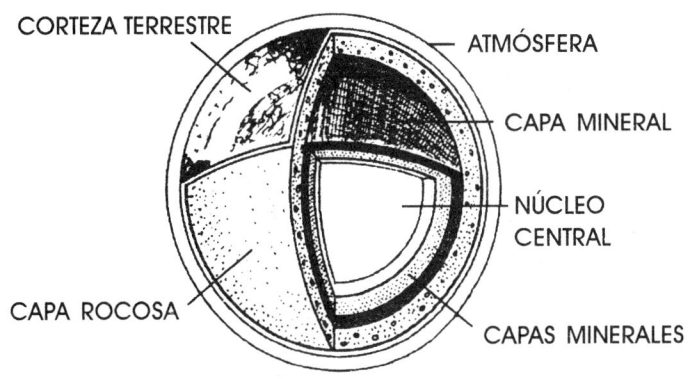

Corte que manifiesta ostensiblemente la estructura del globo terráqueo. En el centro se encuentra un núcleo de 3,470 kilómetros de radio. Rodeándolo hay una capa mineral, recubierto por los distintos estratos de la capa rocosa. El estrato más superficial lo constituye la corteza terrestre. La superficie de la Tierra se halla envuelta en una capa de aire, que es la atmósfera.

cios interplanetarios. Estos son los únicos cuerpos extraterrestres que se pueden someter directamente al análisis químico y a un estudio mineralógico. Tanto por la índole de los elementos que los componen como por la razón en que se basa su estructura, los meteoritos son iguales a los materiales que hay en las partes más profundas de la corteza de la Tierra y en el núcleo central de nuestro planeta. Se entiende fácilmente la gran importancia que tiene el estudio de la textura material de los meteoritos para aclarar el problema de las primitivas composiciones que se originaron al formarse la Tierra.

Por lo general, se suele situar a los meteoritos en dos grupos principales: meteoritos de hierro (metálicos) y meteoritos de piedra. Los primeros están formados esencialmente por hierro (90%), níquel (8%) y cobalto (0.5%). Los meteoritos de piedra contienen una cantidad bastante menor de hierro (un 25% aproximadamente). En ellos se encuentra en gran cantidad óxido de diversos minerales magnesio, aluminio, calcio, sodio, manganeso y otros.

En todos los meteoritos se halla carbono en diferentes proporciones. Se le encuentra sobre todo en forma natural, como carbón, grafito o diamante en bruto. Pero las formas más usuales para los meteoritos son las composiciones de carbono con diferentes metales, los llamados carburos. Es precisamente en los meteoritos donde se ha encontrado por primera vez la cogenita, mineral muy abundante en ellos y que es un carburo compuesto de hierro, níquel y cobalto.

Entre las demás composiciones del carbono que se hallan en los meteoritos, deben señalarse los hidrocarburos. En 1857, se logró extraer de un meteorito de roca hallado en Hungría, cerca de Kabí, cierta porción de una substancia orgánica similar a la cera fósil u ozoquerita. El ensayo de esta substancia demostró que era un hidrocarburo de gran peso molecular. Cuerpos parecidos, con moléculas formadas por muchos átomos de carbono e hidrógeno, y a veces de oxígeno y azufre, fueron encontrados en otros muchos meteoritos de diferentes clases.

El origen de la vida

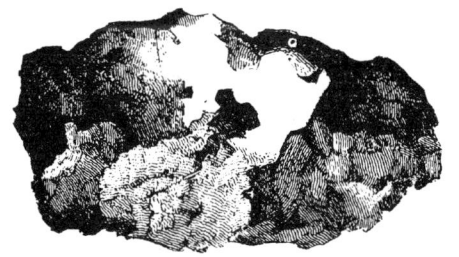

Meteorito de hierro

El "hierro de Ovifag", en las costas de la isla del Disco

En las épocas en que se descubrió por vez primera la existencia de hidrocarburos en los meteoritos, imperaba todavía la falsa idea de que las substancias orgánicas (y, consecuentemente, también los hidrocarburos) únicamente podían formarse en condiciones naturales con la intervención de organismos vivos. De ahí que muchos hombres de ciencia adoptaron entonces la hipótesis de que los hidrocarburos de los meteoritos no se conformaron, originariamente, sino que eran productos de la desintegración de organismos que vivieron en otros tiempos en esos cuerpos celestes.

Sin embargo, investigaciones muy meticulosas realizadas posteriormente, destruyeron esas hipótesis, y hoy día sabemos que los hidrocarburos de los meteoritos, al igual que los de las atmósferas estelares, aparecieron por vía inorgánica, es decir, sin ninguna conexión con la vida.

La resultante de esto, sin ningún lugar a dudas, es que las substancias orgánicas también pueden producirse al margen de los organismos, antes de que se produzca esa forma compleja del movimiento de la materia. Y, en efecto, conocemos substancias orgánicas que se han ido formando en numerosos cuerpos celestes en unas condiciones que no cabe ni hablar de la existencia de cualquier género de vida. Ahora bien, si esto es así para la mayoría de los cuerpos celestes más disímiles, ¿por qué nuestra Tierra ha de ser en este asunto una excepción? ¿No sería más concordante y acertado suponer que el proceso biológico de la formación de substancias orgánicas es sólo diferente al de la época actual de nuestro planeta; que ese proceso se inició solamente después de haberse originado la vida sobre la vía de haberse producido un cambio de substancias muy perfecto, pero que también en la Tierra se sintetizaron las substancias orgánicas por vía abiogénica, mediante la cual se formaron los hidrocarburos y sus derivados mucho antes de que se formaran los distintos organismos?

FORMACIÓN DE LOS PRIMEROS DERIVADOS DEL CARBONO

Los carburos (miscibilidades combinados de carbono y un metal) del núcleo central, expulsados por las erupciones a la superficie de la Tierra, entraron en reacción mediante el vapor de agua, que era entonces parte fundamental de la atmósfera terrestre y cuya temperatura era sumamente elevada, facilitando así la formación de hidrocarburos (combinaciones de carbono e hidrógeno).

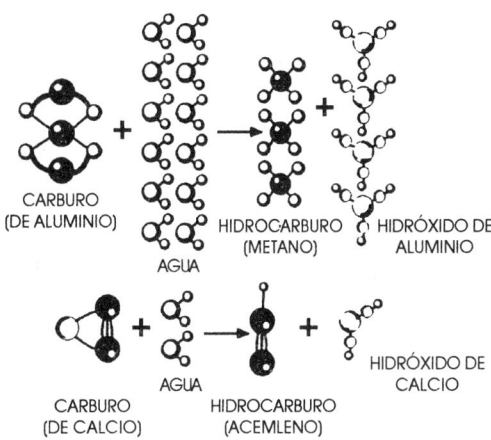

Formación de hidrocarburos, la cual se produce de ponerse en contacto los carburos con el agua. El oxígeno de las moléculas de agua se combinan con el metal y forma hidróxidos metálicos, en tanto que el hidrógeno del agua se combina con el carbono y forma hidrocarburos.

FORMACIÓN DE LOS PRIMEROS DERIVADOS DEL CARBONO

Los hidrocarburos nacidos en la atmósfera terrestre se combinaron con las partículas de agua y amoniaco existentes en ella, dando lugar al surgimiento de substancias más complejas.

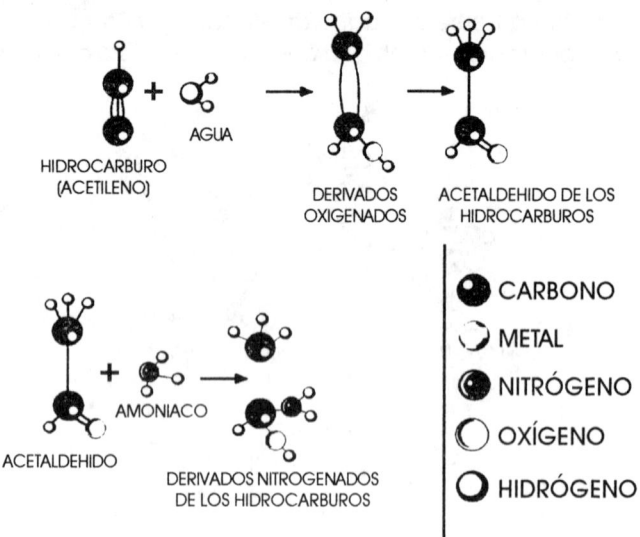

Esquema de la constitución de cuerpos químicos cuyas moléculas son formadas por partículas de carbono, hidrógeno y oxígeno.
Esquema de la incorporación del nitrógeno.

Basándose en los datos obtenidos por el estudio del peso específico de la Tierra, la fuerza de la gravedad y la expansión de las ondas producidas por los terremotos, todos los geoquímicos y geofísicos admiten como demostrado que en el centro de la Tierra existe un núcleo metálico de 3.470 kilómetros de radio, cuyo peso específico es aproximadamente diez. Este núcleo está revestido por diversas capas denominadas geosferas. Directamente adosada al núcleo se halla una grosfera intermedia llamada capa mineral, de 1,700 kilómetros de espesor. Sobre ella está situada la capa rocosa, la litosfera, de 1.200 kilómetros. Y en la superficie de la Tierra, hallamos la hidrosfera, o capa acuosa constituida por los mares y los océanos: y, por último, la capa gaseosa o atmósfera. Todas estas geosferas recubren al núcleo central de la Tierra formando una capa tan gruesa que no es posible llegar directamente a él.

Sin embargo, actualmente se ha logrado especificar con bastante exactitud la composición química del núcleo, y se ha comprobado que coincide plenamente con la composición de los meteoritos de hierro.

La proporción mayor corresponde al hierro, con el que se encuentran mezclados otros metales, como el níquel. El cobalto, el cromo, etcétera. El carbono se encuentra principalmente a manera de carburo de hierro.

Una muestra de esos minerales de las profundidades de nuestro planeta la encontramos en las masas de hierro natural que aparecen en las rocas de basalto de las islas de la Groenlandia Occidental. Sobre todo en los basaltos de la isla de Disco muy cerca del poblado de Ovifag, se han encontrado grandes cantidades de hierro natural que asoman a la superficie. Por su composición química el "hierro de Ovifag" se semeja tanto a los meteoritos metálicos, que por espacio de cierto tiempo se le tuvo como de origen meteorítico, pero actualmente se ha probado su procedencia terrestre. En él se encuentra una cantidad bastante importante de carbono como parte integrante de la cogenita.

Las investigaciones geológicas efectuadas en estos últimos tiempos han conseguido establecer que esos descubrimientos de cogenita en la superficie de la Tierra no representan nada excepcional, pues se le puede hallar en otros muchos lugares. Eso prueba que la cogenita se formó en grandes cantidades, sobre todo en tiempos remotos de la vida de nuestro planeta.

Ahora bien, al ser arrojados por las erupciones o al brotar sobre la superficie de la Tierra en estado líquido, los carburos de hierro y de otros metales debieron comenzar su reacción con el agua o el vapor de ésta, tan abundante en la atmósfera primaria de la Tierra. Como ha demostrado el eminente químico ruso D. Mendeléiev, el producto de esa reacción es la formación de hidrocarburos. Mendeléiev se preocupó incluso por encontrar en este proceso una explicación al origen del petróleo.

Esta teoría fue rechazada por los geólogos, que demostraron que la base fundamental del petróleo la constituye un producto de la descomposición orgánica, pero la propia reacción que produce la formación de hidrocarburos al combinarse los carburos con el agua, la puede realizar, naturalmente, cualquier químico. En la actualidad, mediante investigaciones geológicas directas, se ha logrado demostrar que, también ahora, en los lugares donde surgen las cogenitas, cierta cantidad de substancias orgánicas se producen por vía inorgánico en la superficie de la Tierra, en condiciones naturales, por reacción producida entre los carburos y el agua. En consecuencia inclusivamente en nuestros días, junto al proceso ampliamente extendido de formación de substancias orgánicas por fotosíntesis, es decir, por vía biológica, también se verifican en la Tierra ciertos procesos de formación abiogénica de hidrocarburos por las reacciones entre los carburos y el agua. No cabe duda de que tal surgimiento de substancias orgánicas al margen de la vida, tuvo efecto en el pasado, cuando la reacción entre los carburos y el agua tenía lugar en cantidades mucho mayores que en la actualidad. Por lo tanto, esta reacción pudo ser, únicamente ella, una fuente que dio principio a la formación primaria en masa de substancias orgánicas, en una época en que todavía no existía la vida en nuestros planetas, antes de que se manifestaran en él los seres vivientes más sencillos.

Las importantes investigaciones de los astrónomos y cosmólogos soviéticos (V. Ambartsumián, G. Shain, V. Fesénkov, O. Shmidt y otros) que nos están descubriendo el proceso de la formación de las estrellas y de los sistemas planetarios, irradian nueva luz acerca del problema de la formación primitiva de las substancias orgánicas en la Tierra.

Investigaciones realizadas con instrumentos muy potentes, fabricados e instalados en el observatorio de Alma Ata, permitieron estudiar pormenorizadamente, la estructura y la evolución de la materia interestelar, de la que antes se sabía muy poco. En nuestro Universo estelar, en la Vía Láctea, no toda la materia se encuentra reunida en las estrellas y en los planetas. La ciencia moderna nos ha probado que el espacio interestelar no está vacío, sino que en él hay una substancia que permanece en estado gaseoso y pulverulento. En muchos casos, esta materia gáseo-pulverulenta interestelar se agrupa en formaciones relativamente densas, que forman nubes gigantescas. Esas nubes pueden verse a simple vista como manchas oscuras que se presentan sobre el fondo claro de la Vía Láctea. Ya en la antigüedad habían llamado la atención esas manchas, a las cuales se les dio entonces el nombre de "sacos de carbón". En estos sitios de la Vía Láctea, las nubes de materia gáseo-pulverulenta fría no nos permiten ver la luz de las estrellas situadas detrás.

Al estudiar la combinación de la materia gáseo-pulverulenta interestelar, se encontró que en ciertos sitios tiene un ordenamiento fibrilar. El académico V. Fesenkov descubrió que en esos filamentos o fibras de materia gáseo-pulverulenta es donde nacen las estrellas, que más tarde pasan por un determinado desarrollo.

Al principio las estrellas jóvenes tienen un tamaño gigantesco. Durante el proceso de su desarrollo se hacen más densas y se manifiestan rodeadas de una nube gáseo-pulverulenta, que no es otra cosa que el resto de la materia que las originó.

Pero lo que a nosotros nos interesa por ahora no es la formación de las estrellas, sino la de los planetas, y en especial, la del nuestro, la Tierra. Aquí cobra singular interés para nosotros la hipótesis formulada no hace mucho por el académico O. Shmidt.

Según esta hipótesis, la Tierra y los demás planetas de nuestro sistema solar no se formaron de masas gaseosas separadas del Sol (como se creía hasta ahora), sino a causa de que el Sol, en su movimiento en torno al centro de nuestra Galaxia, se habría encontrado con una enorme nube de materia pulverulenta fría, llevándosela a su órbita. En esta materia se habrían formado paulatinamente varios núcleos o aglomeraciones, alrededor de los cuales se habrían ido condensando las partículas gáseo-pulverulentas hasta constituir planetas.

Claro está que aquí aparece un poco confusa la cuestión de cómo pudo el Sol atraer a su órbita la materia pulverulenta al atravesar la nube gáseo-pulverulenta, No obstante, ahora, a la luz de los trabajos realizados acerca de la formación de las estrellas, ya podemos preguntarnos: ¿Es necesaria la hipótesis del arrastre o atracción? ¿No pudo suceder muy bien que el material que sirvió para que se formaran los planetas de nuestro sistema solar fuera justamente esa materia gáseo-pulverulenta que rodea a las estrellas jóvenes que se hallan en formación, y que la edad de la Tierra fuese muy cercana a la del Sol? ¿Quizá éste, lo mismo que las otras estrellas, estuviera circundado al nacer por una gigantesca nube gáseo-pulverulenta, de donde provino el material que habría de dar origen a la Tierra y a los demás planetas de nuestro sistema solar?

Estas teorías de gran sentido lógico y profundamente asentadas en datos obtenidos por la observación, nos proporcionan valiosísimos elementos de juicio para aclarar el problema del origen primario de los elementos orgánicos existentes al formarse nuestro planeta.

El estudio de la composición química de la materia gáseo-pulverulenta, llevado a cabo en estos últimos tiempos, denota la presencia en ella de hidrógeno, metano (y, tal vez, de hidrocarburos más complejos), amoniaco y agua; esta última en forma de pequeñísimos cristales de hielo. De esta manera, en el origen mismo de nuestro planeta coincidieron en su composición a partir de la materia gáseo-pulverulenta, los hidrocarburos más sencillos; el agua y el amoniaco; es decir, todo lo precisamente necesario para formar las substancias orgánicas primitivas. Por tanto, cualquiera que haya sido el proceso que dio origen a la Tierra, al irse formando, forzosamente debieron aflorar en su superficie las substancias orgánicas.

Según han constatado las investigaciones de muchos químicos, y especialmente los trabajos del académico A. Favorski y de su escuela, los hidrocarburos tienen la particularidad de hidratarse con suma facilidad, es decir, de incorporar a su molécula una molécula de agua. No hay lugar a dudas de que también los hidrocarburos que se formaron primitivamente en la superficie de la Tierra también se combinaron, en su masa fundamental con el agua. Mediante esto, en la atmósfera primitiva de la Tierra se originaron nuevas substancias por medio de la oxidación de los hidrocarburos por el oxígeno del agua. No cabe duda que de esta manera surgieron diversos alcoholes, aldehídos, cetonas, ácidos y otras substancias orgánicas muy simples, en cuyas moléculas encontramos mezclados esos tres elementos: el carbono, el hidrógeno y el oxígeno. Este último se integra como elemento constituyente de la molécula de agua. Con frecuencia, a estos tres elementos se agrega otro: el nitrógeno, que como amoniaco llegó a ser un elemento constitutivo de la Tierra en formación.

De ahí que como resultado de las reacciones de las hidrocarburos y sus derivados oxigenados más simples con el amoniaco, surgieron cuerpos cuyas moléculas contenían diferentes combinaciones de átomos de carbono, hidrógeno, oxígeno y nitrógeno. De esta manera se formaron las numerosas sales amoniacas, las amidas, las aminas, etcétera.

Por esta razón, en él mismo momento en que se formó en la superficie terrestre la hidrosfera, en las aguas del océano primitivo debieron formarse las diversas substancias que se derivaron del carbono y a las que con todo fundamento podemos nombrar como substancias orgánicas primitivas, aun cuando su aparición es muy anterior a la de los primeros seres vivientes.

No cabe duda que eran cuerpos más bien simples, de moléculas más o menos diminutas, pero, a pesar de todo, lograban una forma cualitativamente nueva en relación con la existencia de la materia.

De suerte, que las características de estos sencillos cuerpos orgánicos primitivos y su destino posterior en el proceso de la evolución quedaron determinados por nuevas leyes provenientes de su formación elemental y de la distribución de los átomos en sus moléculas.

De este modo la idea, expuesta por mí hace 30 años, relativa a que las substancias orgánicas se habían formado en nuestro planeta antes de la aparición de los organismos se confirma ahora totalmente gracias a las nuevas teorías cosmogónicas de los astrónomos soviéticos. Cuando se formo la Tierra, en su superficie —en su atmósfera húmeda y en las aguas del océano primitivo— también se formaron los hidrocarburos y sus derivados oxigenados y nitrogenados. Y si antes esta etapa del paso de la materia hacia el origen de la vida estaba rodeada de gran misterio, en nuestros días el origen primitivo de las substancias orgánicas más simples no presentan ninguna duda para la gran mayoría de los naturalistas.

Con esto hemos visto la primera etapa, quizá más larga de la evolución de la materia. Etapa que señala el traslado de los átomos dispersos de las ardientes atmósferas estelares a las substancias orgánicas más simples, disueltas en la primitiva capa acuosa de la Tierra.

La siguiente etapa de suma y trascendental importancia en el sendero hacia la aparición de la vida, es la formación de las substancias proteínicas.

CAPÍTULO III

*ORIGEN DE LAS PROTEÍNAS
PRIMITIVAS*

En los inicios del siglo XIX imperaba la idea errónea de que las complejas substancias orgánicas que integran los animales y las plantas —los azúcares, las proteínas, las grasas, etc.— sólo podían obtenerse de los seres vivos, y que era de todo punto imposible juntar esas substancias en un laboratorio, quizá porque se pensaba que sólo podían originarse en los organismos vivos con la ayuda de una fuerza especial, a la que se denominaba "fuerza vital". Pero los innumerables trabajos efectuados en los siglos XIX y XX por los investigadores dedicados a la química orgánica acabaron con ese prejuicio. De suerte que hoy día, utilizando los hidrocarburos y sus derivados más simples como material básico podemos obtener por vía química substancias tan propias de los organismos, como son los diversos azúcares y grasas, innumerables pigmentos vegetales, como la alizarina y el índigo, substancias que dan a las flores y a los frutos, o aquellas otras de las cuales se deriva su sabor y aroma, los diferentes terpenos, las substancias curtientes, los alcaloides, el caucho, etcétera. Actualmente ya se ha logrado sintetizar incluso cuerpos tan complejos y de tan alta actividad biológica como las vitaminas, los antibióticos y algunas hormonas. Debido a eso sabemos que la "fuerza vital" ha sido totalmente desalojada del campo científico, quedando totalmente aclarado que todas las substancias que pasan a formar parte de los animales y de los vegetales pueden, en principio, ser obtenidas también al margen de los organismos vivos, independientemente de la vida.

Cierto también que en la tierra no se observa la formación de substancias orgánicas en condiciones naturales más que en los organismos vivos, pero esto sólo está ocurriendo en el actual período de la evolución de la materia en la Tierra. Como queda dicho en el capítulo anterior las substancias orgánicas más simples —los hidrocarburos y sus derivados más inmediatos— se forman en los cuerpos celestes que nos rodean sin ninguna relación con la vida; es decir, en condiciones tales, que se excluye por completo la idea de vida en ellos. También en nuestro planeta esas substancias se formaron al principio a consecuencia de las reacciones que se produjeron entre las substancias inorgánicas, mucho antes de la aparición de vida.

Los hidrocarburos y sus derivados más simples contienen inmensas posibilidades químicas. Ellos son, justamente, los que forman parte de la materia prima utilizada por los químicos modernos para obtener en sus laboratorios las variadas substancias orgánicas que se hallan en los organismos vivos y a las que ya nos referimos más arriba.

Cabe hacer notar el hecho de que los químicos usan para sus trabajos de síntesis reacciones diferentes a las que observamos en los seres vivos. Para obligar a las substancias orgánicas a reaccionar entre ellas con rapidez y en la forma necesaria, los químicos emplean frecuentemente la acción de ácidos y álcalis fuertes, altas temperaturas, grandes presiones y otros muchos recursos análogos. Los químicos disponen de múltiples y variados procedimientos que les permiten realizar las reacciones más disímiles.

En los organismos vivos, en condiciones naturales, la síntesis de las diversas substancias orgánicas se hace de un modo totalmente diferente. Aquí no existen substancias de fuerte acción ni altas temperaturas como las del arsenal de los químicos. La reacción del medio es casi siempre neutral, y a pesar de eso en los organismos vivos se da un gran número de cuerpos químicos de naturaleza muy distinta y a veces muy complejos.

Esta misma diversidad de substancias producidas por los organismos animales y vegetales era lo que hacia pensar a los investigadores de otros tiempos que en la célula viva se producían numerosísimas reacciones de los tipos más variados. Pero un estudio más profundo nos demuestra que realmente no ocurre así. A pesar de la enorme cantidad de substancias que integran los organismos vivos, no cabe duda que la totalidad de ellas se formaron por medio de reacciones relativamente simples y muy parecidas. Las transformaciones químicas que sufrieron las substancias orgánicas en la célula viva tienen por base fundamental tres tipos de reacciones: El primero: la condensación o alargamiento de la cadena de átomos de carbono y el proceso inverso, la ruptura de los enlaces entre dos átomos de carbono. El segundo: la polimerización o combinación de dos moléculas orgánicas por medio de un puente de oxígeno o nitrógeno, y por otra parte, el proceso inverso o hidrólisis. Finalmente, la oxidación y, ligada a ella, la reducción (reacciones de óxido-reducción). Además, en la célula viva son bastante frecuentes las reacciones, mediante las cuales el ácido fosfórico, el nitrógeno amínico, el metilo y otros grupos químicos se trasladan de una molécula a otra.

Todos los procesos químicos que se llevan a cabo en el organismo vivo, todas las mutaciones de las substancias, que conducen a la formación de cuerpos muy distintos, pueden, en último caso, reducirse a estas reacciones simples o a todas ellas juntas. El estudio del quimismo de la respiración, de la fermentación, de la asimilación, de la síntesis y de la desintegración de las diversas substancias indica que todos estos fenómenos se apoyan en largas cadenas de transformaciones químicas, cuyos diferentes eslabones están representados por las reacciones que acabamos de enumerar. Todo depende, únicamente, del orden en que se vayan sucediendo las reacciones de distinto tipo. Si la primera reacción es, por ejemplo, de condensación, y a ella le sigue un proceso de oxidación y, luego, otra condensación, entonces resulta un cuerpo químico, o sea, un producto de la transformación: por el contrario si a la condensación se aúna una polimerización y a ésta una oxidación o una reducción, no cabe duda que se obtendrá otra substancia.

Sucede, entonces, que la complejidad y la diversidad de las substancias que se forman en los organismos vivos dependen exclusivamente de la complejidad y diversidad con que se combinan las reacciones simples de los tipos que hemos expuesto más arriba. Ahora bien, sí observamos acuciosamente estas reacciones, notaremos que muchas de ellas poseen un rasgo característico común, una particularidad común, lo cual se produce con la participación inmediata de los elementos del agua. Estos elementos se combinan con los átomos de carbono de la molécula de la substancia orgánica, o bien se desprenden, separándose de ella. Esta reacción entre los elementos del agua y los cuerpos orgánicos constituye la base fundamental de todo el proceso vital. Gracias a ellas tienen lugar las numerosas transformaciones de las substancias orgánicas que se forman actualmente en condiciones naturales, dentro de los organismos. Aquí, estas reacciones se

El origen de la vida

ORIGEN DE LAS SUBSTANCIAS ORGÁNICAS COMPLEJAS

Al principio, las moléculas de las substancias orgánicas se hallaban formadas por un reducido número de partículas de carbono, hidrógeno, oxígeno y nitrógeno. Pero en las aguas del primitivo océano estas partículas se fueron combinando poco a poco entre sí y constituyeron moléculas más grandes y más complejas de diferentes substancias.

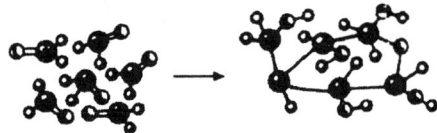

Cuando se reserva por espacio de largo tiempo una solución acuosa de formalina, seis moléculas de este cuerpo se combinan entre sí para formar una molécula mayor de azúcar.
Fue así como en las aguas del océano primitivo se produjeron las diversas substancias (las substancias orgánicas) que hoy constituyen los animales y los vegetales.

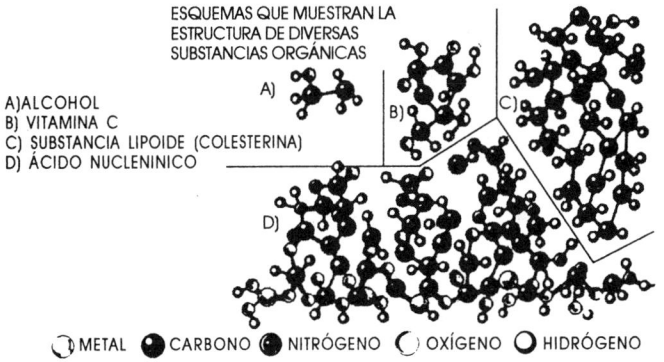

ESQUEMAS QUE MUESTRAN LA ESTRUCTURA DE DIVERSAS SUBSTANCIAS ORGÁNICAS
A) ALCOHOL
B) VITAMINA C
C) SUBSTANCIA LIPOIDE (COLESTERINA)
D) ÁCIDO NUCLENINICO

◐ METAL ● CARBONO ◉ NITRÓGENO ◌ OXÍGENO ○ HIDRÓGENO

efectúan con gran rapidez y en un orden de sucesión muy estricto; todo ello gracias a ciertas condiciones especiales, a las que nos referiremos un poco más adelante. Pues bien, aparte de estas condiciones, fuera de los organismos vivos también encontramos esta reacción entre el agua y las substancias orgánicas, aunque su desarrollo sea mucho más lento.

Los químicos habían logrado ya, hace tiempo, numerosas síntesis obtenidas por esta reacción al guardar simplemente por más o menos tiempo soluciones acuosas de distintas substancias orgánicas. En estos casos, las sencillas y diminutas moléculas de los hidrocarburos y de sus derivados, formadas por un pequeño número de átomos, se combinan entre ellas mediante los más variados procedimientos, formando así moléculas de mayor tamaño y de estructura más compleja. En 1861, nuestro eminente compatriota A. Bútleroy demostró ya que si se diluye formalina (cuya molécula está formada por un átomo de carbono, un átomo de oxígeno y dos átomos de hidrógeno) en agua calcárea y se guarda esta solución en un lugar templado, pasado cierto tiempo se comprueba que la solución adquiere sabor dulce. Después también se demostró que en esas condiciones seis moléculas de formalina se combinan entre ellas para formar una molécula de azúcar de mayor tamaño y de estructura más compleja.

El académico A. Baj, padre de la bioquímica soviética, retuvo durante mucho tiempo una mezcla de soluciones acuosas de formalina y de cianuro potásico, verificando posteriormente que de esta mezcla se podía aislar una substancia nitrogenada de gran peso molecular y que daba algunas reacciones distintivas de las proteínas.

El origen de la vida

ORIGEN DE LAS PROTEÍNAS

Al combinarse entre sí, las moléculas de las substancias orgánicas alcanzaron a formar moléculas de proteínas, que son, sin duda, las substancias más complejas y las más importantes para la vida. Estas moléculas poseen muchas decenas de miles de átomos que se encuentran unidos en riguroso orden, constituyendo así largas cadenas con numerosas ramificaciones laterales.

Pequeño sector de la cadena que constituye la base de una

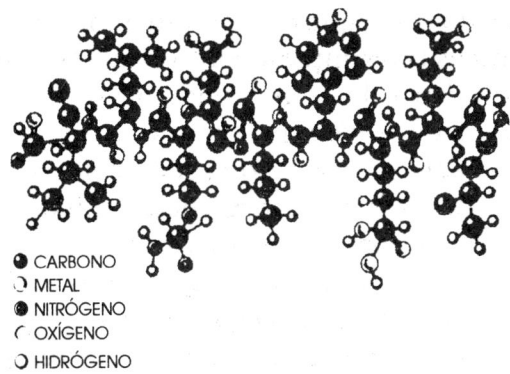

- CARBONO
- METAL
- NITRÓGENO
- OXÍGENO
- HIDRÓGENO

molécula proteínica.

En la molécula proteínica dichas cadenas se combinan dentro de un orden determinado, constituyendo complejos ovillos.

Se podrían enumerar centenares de ejemplos análogos, pero lo dicho ya es suficiente para tener idea de esa capacidad tan notable de las substancias orgánicas más sencillas para transformarse en cuerpos más complejos y de elevado peso molecular cuando se guardan simplemente sus soluciones acuosas.

Las condiciones existentes en las aguas del océano primitivo en el tiempo que nos ocupa o eran muy diferentes de las condiciones que reproducimos en nuestros laboratorios. Por eso pensamos que en cualquier parte de aquel océano, en cualquier laguna o charco en proceso de desecación, debieron surgir las mismas substancias orgánicas complejas que se produjeron en el matraz de Bútlerov, en la vasija de Baj y en otros experimentos análogos.

Demás está decir que en esa solución de substancias orgánicas tan simples, como eran las aguas del océano primitivo, las reacciones no se realizaban en determinada escala, no seguían ningún orden. Por el contrario poseían un carácter desordenado y caótico. Las substancias orgánicas podían sufrir al mismo tiempo diferentes transformaciones químicas, seguir distintos caminos químicos, originando innumerables y variados productos. Pero desde el primer instante se pone en evidencia determinada tendencia general a la síntesis de substancias cada vez más complejas y de peso molecular más y más elevado. Así se explica que en las aguas tibias del océano primitivo de la Tierra se formaran substancias orgánicas de elevado peso molecular, parecidas a las que ahora encontramos en los animales y vegetales.

Si estudiamos la formación de las diversas substancias orgánicas complejas en la capa acuosa de la Tierra, debemos preocuparnos especialmente de la formación de las substancias proteínicas en esas condiciones. Las proteínas desempeñan una función de extraordinaria importancia, un papel realmente decisivo, en la formación de la "substancia viva". El protoplasma, substrato material de la constitución del cuerpo de los animales, de las plantas y de los microbios, siempre contiene una importante cantidad de proteínas. Engels había señalado ya que "siempre que nos encontramos con la vida, la vemos ligada a algún cuerpo albuminoideo (proteínico), y siempre que nos encontramos con algún cuerpo albuminoideo que no esté en descomposición, hallamos sin excepción fenómenos de vida."

Estas palabras de Engels tuvieron una total confirmación en los trabajos realizados por los investigadores modernos. Y es que se ha demostrado que las proteínas no son, como antes se creía, simples elementos pasivos de la estructura del protoplasma, sino que, por el contrario, participan directa y activamente en el recambio de substancias y en otros fenómenos de la vida. Por lo tanto, el origen de las proteínas significa un importantísimo eslabón del proceso evolutivo seguido por la materia, de ese proceso que ha dado origen a los seres vivos.

En los finales del siglo pasado y comienzos de éste, cuando la química de las proteínas aún estaba por desarrollarse, algunos hombres de ciencia creían que las proteínas entrañaban un principio misterioso especial, unas agrupaciones atómicas específicas y que eran las generadoras de la vida. Visto desde ese ángulo, el origen primitivo de las proteínas parecía enigmático y hasta se creía poco probable que tal origen hubiese tenido lugar. Pero si ahora examinamos este problema desde el punto de vista de las ideas actuales referente a la naturaleza química de la molécula proteínica, todo él adquiere un aspecto absolutamente opuesto.

Sintetizando esquemáticamente los últimos adelantos obtenidos por la química de las proteínas, debemos señalar ante todo la circunstancia de que en nuestros días conocemos muy bien las distintas partes —los "ladrillos", pudiéramos decir— que forman la molécula de cualquier proteína. Porque esos "ladrillos" son precisamente los aminoácidos, substancias bien conocidas por los químicos actualmente.

En la molécula proteínica, los aminoácidos están ligados entre sí mediante enlaces químicos especiales, formando así una larga cadena. El número de moléculas de aminoácidos que integran esta cadena cambia, según las distintas proteínas, de algunos centenares a varios miles. Es por eso que dicha cadena suele ser muy larga. Tanto, que en la mayoría de los casos, la cadena aparece enrollada, formando un enredado ovillo, cuya estructura sigue, no obstante eso, un determinado orden. Este ovillo es lo que, en realidad, constituye la molécula proteínica.

Por consiguiente, tiene vital importancia el hecho de que cada substancia proteínica esté constituida por aminoácidos muy diferentes. De suerte que podemos afirmar que la molécula proteínica está integrada por "ladrillos" de distintas clases. En la actualidad se conocen cerca de treinta aminoácidos distintos que forman parte de la constitución de las proteínas naturales. Se sabe también que algunas proteínas llevan en su molécula todos los aminoácidos conocidos; otras, por el contrario, son menos favorecidas en aminoácidos. Las propiedades químicas y físicas de cualquiera de las proteínas conocidas dependen cardinalmente de los aminoácidos que la componen.

No obstante, debemos tener presente que las moléculas de aminoácidos que constituyen la cadena proteínico no están unidas entre sí en cualquier forma, al azar, sino en estricto orden, propio y exclusivo de esa proteína. Por lo tanto, las propiedades físicas y químicas de cualquier proteína; su capacidad de reaccionar químicamente con otras substancias; su solubilidad en el agua, etc., no sólo dependen de la cantidad y de la variedad de los aminoácidos que componen su molécula, sino también del orden en que estos aminoácidos están ligados uno tras otro en la cadena proteínica.

Dicha estructura hace posible la existencia de una variedad infinita de proteínas. La albúmina del huevo que todos conocemos, no es sino una proteína, y, además —por añadidura— relativamente sencilla. En cambio son mucho más complejas las proteínas de nuestra sangre, de nuestros músculos y del cerebro. En todo ser vivo, en cada uno de sus órganos hay centenares, miles de proteínas distintas, y cada especie animal o vegetal tiene sus proteínas propias, exclusivas de esa especie. Como ejemplo natural, hay que señalar que las proteínas de la sangre humana son algo diferentes a las de la sangre de un caballo, de una vaca o de un conejo.

De ahí que por esa extraordinaria variedad de proteínas se presente la dificultad de lograrlas por vía artificial en nuestros laboratorios. Sin embargo, hoy día ya podemos obtener fácilmente cualquier aminoácido a partir de los hidrocarburos y el amoniaco. Y, naturalmente, tampoco ofrece para nosotros grandes dificultades la unión de estos aminoácidos para formar largas cadenas, parecidas a las que forman la base de las moléculas proteínicas, consiguiendo así substancias realmente parecidas a las proteínas (substancias proteinoides). Empero, esto no basta para reproducir artificialmente cualquiera de las proteínas que ya conocemos, como, por ejemplo, la albúmina de nuestra sangre o la de la semilla del guisante. Para eso es necesario unir en cada cadena centenares de miles de aminoácidos diferentes, y además, en un orden muy especial, justamente en el orden en que se encuentran en esa proteína concreta.

Mas si tomamos una cadena compuesta solamente por cincuenta eslabones, con la particularidad de que estos eslabones son de veinte clases distintas, al combinarlos en diversas formas podemos lograr una gran variedad de cadenas. El número de esas cadenas, diferenciadas por la distinta disposición de sus eslabones, puede expresarse por la unidad seguida de cuarenta y ocho ceros, o sea, por una cifra que se puede obtener si multiplicamos un millón por un millón, el resultado otra vez por un millón, y así hasta siete veces. Y si tomásemos esa cantidad de moléculas de proteínas y formásemos con ellas un cordón de un dedo de grueso, podríamos estirarlo alrededor de todo nuestro sistema estelar, de un extremo a otro de la Vía Láctea.

Pues bien, la cadena de aminoácidos de una molécula proteínica de tamaño mediano, no está formada por cincuenta, sino por varios centenares de eslabones, y no contiene veinte tipos de aminoácidos, sino treinta. De ahí que el número de combinaciones aumenta aquí en muchos cuatrillones de veces.

Para obtener artificialmente una proteína natural, hay que escoger de entre esas múltiples combinaciones la que nos dé justamente una disposición de los aminoácidos en la cadena proteínica que coincida exactamente con la de la proteína natural que queremos lograr. Es natural, pues, que si vamos uniendo de cualquier modo los aminoácidos para constituir la cadena proteínica, jamás llegaremos a lograr nuestro propósito. Esto es lo mismo que si revolviendo y agitando un montón de tipos de imprenta en el que hubiese veinticinco letras distintas, esperásemos que en un momento determinado pudieran agruparse para formar una poesía conocida.

Solamente podremos reproducir esa poesía si sabemos bien la disposición de las letras y de las palabras que la componen. De la misma manera, sólo conociendo la distribución exacta de los aminoácidos en la cadena proteínica en cuestión podremos estar seguros de la posibilidad de reproducirla artificialmente en nuestro laboratorio. Desgraciadamente, hasta este momento sólo se ha podido determinar el orden de colocación de los aminoácidos en algunas de las substancias proteínicas más simples. Es por eso que aún no se han podido obtener artificialmente las complejas proteínas naturales.

Pero esto será solamente cosa de tiempo porque, en principio, nadie duda ya de la posibilidad de lograr proteínas por vía artificial.

Pero lo que en este caso nos importa, no es admitir en principio la posibilidad de sintetizar las proteínas o las substancias proteinoides. Para nosotros, lo interesante es tener idea muy clara y concreta de cómo han surgido por vía natural estas substancias orgánicas: las más complejas de todas, en las condiciones en que en cierto tiempo surgieron en la superficie de nuestro planeta. Hasta hace poco no se podía dar a esta pregunta una respuesta con base experimental; pero en la primavera de 1953, en un experimento realizado con este fin, de una mezcla de metano, amoniaco, vapor de agua e hidrógeno, se obtuvieron varios aminoácidos en unas condiciones, que reproducían en forma muy parecida a las que existieron en la atmósfera de la Tierra en sus comienzos.

Muchas más dificultades presenta la unión de estos aminoácidos para formar moléculas de substancias proteinoides; dificultades debidas a que, en condiciones naturales, ante la síntesis de estas substancias, se levanta una gran barrera energética. Así es que, para obtener la unión de las moléculas de aminoácidos y formar folipéptidos, se precisa un enorme gasto de energía (unas 3,000 calorías).

En las síntesis que se obtienen en los laboratorios, esta dificultad puede evitarse mediante procedimientos especiales; pero con la simple conservación de soluciones acuosas de aminoácidos, esa reacción no se produce, a diferencia de lo que sucede en el caso citado de la formalina y el azúcar.

A pesar de estos tropiezos, en los últimos años se han obtenido en este sentido resultados halagadores. Sobre todo, se ha podido demostrar que cuando se seleccionan acertadamente los aminoácidos, la energía necesaria pera realizar la síntesis se puede reducir en forma considerable; de suerte que hay ocasiones en que es posible recuperarla mediante determinadas reacciones concomitantes.

Para nosotros son de sumo interés los experimentos realizados recientemente en Leningrado por el profesor S. Brésler. Teniendo presente que el consumo de energía suficiente para lograr la formación de polipéptidos a partir de una solución acuosa de aminoácidos, puede ser compensado por el gasto de la energía liberada mediante la acción de la presión exterior, Brésler efectuó la síntesis bajo presiones de varios miles de atmósferas. Así pues, trabajando en estas condiciones con aminoácidos y otros productos de la desintegración proteínica, pudo sintetizar cuerpos proteinoides de muy considerable peso molecular, en los que diferentes aminoácidos aparecían unidos entre sí, formando polipéptidos. Estos experimentos nos demuestran la gran posibilidad de sintetizar proteínas o substancias proteinoides mediante el concurso de las altas presiones que pueden producirse fácilmente en condiciones naturales en la Tierra, como sucede en las grandes profundidades de los océanos.

Por lo tanto la química moderna de las proteínas nos está revelando que en una época remota de la Tierra, en su capa acuosa, pudieron y debieron formarse substancias proteinoides. Desde luego estas "proteínas primitivas" no podían ser exactamente iguales a ninguna de las proteínas que existen ahora, pero si se parecían a las proteínas que conocemos. En sus moléculas, los aminoácidos estaban unidos por los mismos enlaces que en las proteínas actuales. Lo distinto aparecía solamente en que la disposición de los aminoácidos en las cadenas proteínicas era diferente, es decir, menos ordenada.

Mas esas "proteínas primitivas" ya tenían, tal como las actuales, unas moléculas enormes e innumerables posibilidades químicas. Y fueron justamente esas posibilidades las que determinaron el papel de excepcional importancia efectuado por las proteínas en el proceso ulterior de la materia orgánica.

Naturalmente que el átomo de carbono de la atmósfera estelar no era todavía una substancia orgánica, pero su extraordinaria facilidad para combinarse con el hidrógeno, el oxígeno y el nitrógeno llevaba implícita la posibilidad, en determinadas condiciones de existencia, de poder formar substancias orgánicas. Exactamente lo mismo ocurrió con las proteínas primitivas, pues en sus grandes propiedades encerraban posibilidades que habrían de conducir forzosamente, en determinadas condiciones del desarrollo de la materia, a la formación de seres vivos. Así es como en las fases del desarrollo de nuestro planeta, en las aguas de su océano primitivo, debieron constituirse numerosos cuerpos proteinoides y otras substancias orgánicas complejas, seguramente parecidas a las que en la actualidad integran los seres vivos. Pues bien, como es natural, se trataba solamente de materiales de construcción. No eran, valga la frase, sino ladrillos y cemento, materiales con los que se podía construir el edificio, pero éste, como tal, no existía todavía. Las substancias orgánicas se encontraban únicamente, y en forma simple, disueltas en las aguas del océano, con sus moléculas dispersas en ellas sin orden ni concierto. Naturalmente, faltaba aún la estructura, es decir, la organización que distingue a todos los seres vivos.

CAPÍTULO IV

*ORIGEN DE LAS PRIMITIVAS
FORMACIONES COLOIDALES*

Como ya hemos visto, en el capítulo anterior, en el proceso evolutivo de la Tierra debieron formarse en las aguas del océano primario substancias orgánicas muy complejas y diversas, parecidas a las que integran los actuales organismos vivos. Pero entre estos últimos y la simple solución acuosa de substancias orgánicas hay, desde luego, una gran diferencia.

El fundamento de todo organismo vegetal o animal, es decir, la base de los cuerpos de los distintos hongos, bacterias, amibas y otros organismos sumamente simples, es el protoplasma, el substrato material en el que se desarrollan los fenómenos vitales. En su aspecto exterior, el protoplasma sólo es una masa viscosa semilíquida de color grisáceo, en cuya composición —aparte del agua— se encuentran, principalmente, proteínas y otras varias substancias orgánicas y sales inorgánicas. Mas no es sólo una simple mezcla de estas substancias. Pues el protoplasma tiene una organización muy compleja. Esta organización se muestra, en primer lugar, a través de una determinada estructura, en cierta distribución espacial recíproca de las partículas que constituyen las substancias del protoplasma y, en segundo lugar, en una determinada armonía, con cierto orden y con determinada regularidad de los procesos físicos y químicos que se efectúan en él.

Por lo tanto, la materia viva está representada en nuestros días por organismos, por sistemas individuales que tienen cierta forma y una sutil estructura interior u organización. Nada parecido pudo existir, como es lógico, en las aguas de ese océano primitivo, cuya historia hemos examinado en el capítulo anterior. El estudio de distintas soluciones entre ellas las de substancias orgánicas, demuestra que en ellas las diversas partículas están repartidas de una manera más o menos regular por todo el volumen del disolvente, encontrándose en constante y desordenado movimiento. Por tanto, la substancia que nos ocupa se encuentra aquí indisolublemente fundida con el medio que la rodea y, además, no posee una estructura precisa, con base en la disposición regular de unas partículas con respecto de otras. Sin embargo, nosotros no podemos concebir un organismo que no posea una estructura y esté totalmente disuelto en el medio ambiente. De ahí que en el camino que conduce de las substancias orgánicas a los seres vivos surgieran seguramente unas formas individuales, unos sistemas especialmente delimitados con relación al medio ambiente y con una especial disposición interior de las partículas de la materia.

Las substancias orgánicas de bajo peso molecular, como por ejemplo los alcoholes o los azúcares, al ser disueltas en el agua se desmenuzan en alto grado y se distribuyen en idéntica forma, por toda la solución, de moléculas sueltas que quedan más o menos independientes unas de otras. Por esto sus propiedades dependerán principalmente de la estructura de las propias moléculas y de la disposición que adopten en ellas los átomos de carbono, hidrógeno, oxígeno, etcétera.

Pero conforme va creciendo el tamaño de las moléculas, a estas leyes sencillas de la química orgánica van agregándose otras nuevas, más complejas, cuyo estudio es objeto de la química de las coloides. Las soluciones más o menos diluidas de substancias de leve peso molecular, son sistemas perfectamente

LOS COACERVADOS Y SU DESARROLLO

En un principio, las substancias proteínicas se hallaban simplemente disueltas; pero más tarde, sus partículas comenzaron a agruparse entre sí, formando verdaderos enjambres moleculares, y, por último, se separaron de la solución a manera de pequeñas gotas —los coacervados—, que flotaban en el agua.

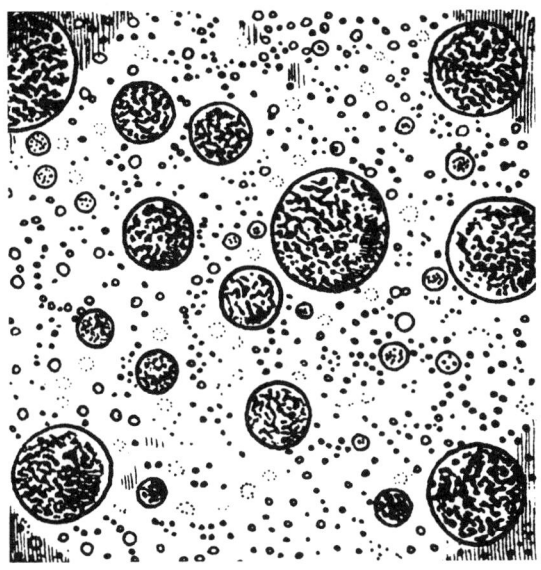

Microfotografía de coacervados obtenidos artificialmente.

Los coacervados absorbían de la solución acuosa circundante diferentes substancias orgánicas y, a costa de ellas, aumentaban de tamaño y de peso, es decir, crecían. Ahora bien, no todos los coacervados crecían por igual, sino que unos lograban su crecimiento más rápidamente y otros más lentamente.

LOS COACERVADOS Y SU DESARROLLO

La estructura interna de las gotas en rápido desarrollo cada vez era más compleja y estaba mejor conformada para la alimentación y el crecimiento.
La estructura de los coacervados se fue modificando y perfeccionando en el transcurso de muchos millones de años.

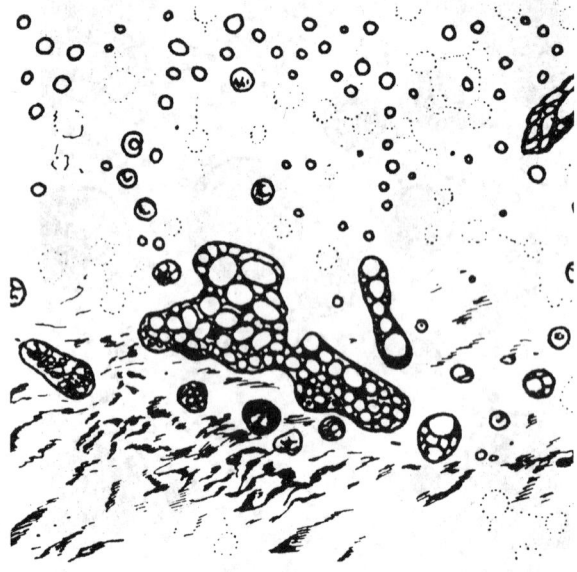

Un coacervado complejo.

Las gotas de estructura más sencilla morían; las de estructura más perfecta crecían y se reproducían por división. En fin de cuentas, estas gotas dieron origen a los seres vivos más sencillos.

estables en los que el grado de fraccionamiento de la substancia y la uniformidad de su distribución en el espacio no cambian por sí solo. En cambio, las partículas de los cuerpos de elevado peso molecular dan soluciones coloidales, que se reconocen por su relativa inestabilidad. Bajo la influencia de diversos factores, estas partículas tienden a combinarse entre ellas y a formar verdaderos enjambres, a los que se les denomina agregados o complejos. Sin embargo, sucede a menudo que este proceso de unión de partículas tiene tanta intensidad que la substancia coloidal se separa de la solución dejando sedimento. Este proceso es lo que llamamos coagulación.

Otras veces no alcanza a formar el sedimento, pero siempre se altera hondamente la distribución uniforme de las substancias en la solución. Las substancias orgánicas disueltas se concentran en determinados puntos, se forman unos coágulos en los que las distintas moléculas o partículas se hallan ligadas entre sí en determinada forma, por lo que surgen nuevas y complejas relaciones determinadas no sólo por la disposición de los átomos en las moléculas, sino también por la disposición que toman unas moléculas en relación a otras.

Tomemos dos soluciones de substancias orgánicas de alto peso molecular, por ejemplo: una solución acuosa de jalea y otra similar de goma arábiga. Ambas son transparentes y homogéneas; en ellas la substancia orgánica se encuentra totalmente fundida con el medio ambiente. Las partículas de las substancias orgánicas que hemos tomado están uniformemente distribuidas en el disolvente. Mezclemos ahora las dos soluciones y observaremos inmediatamente que la mezcla se enturbia. Y si la examinamos al microscopio podremos ver que en las soluciones, antes homogéneas, han aparecido unas gotas, separadas del medio ambiente por una veta divisoria.

Lo mismo sucederá si mezclamos soluciones de otras substancias de elevado peso molecular, sobre todo si mezclamos diferentes proteínas. En estos casos se forma algo así como un amontonamiento de moléculas en determinados lugares, de la mezcla. Es por eso que a las gotas que aquí se forman se les dio el nombre de coacervados (del latín acervos, montón). Estas agrupaciones tan interesantes han sido estudiadas en forma detallada y se continúan estudiando en los laboratorios de Bungenberg, de Jong y de Kruit, en el laboratorio de bioquímica de las plantas de la Universidad de Moscú y en varios otros. Al someter a un análisis químico los coacervados y el líquido que los rodea, se puede ver que toda la substancia coloidal (por ejemplo, toda la gelatina y toda la goma arábiga del caso que acabamos de citar), se ha concentrado en los coacervados y que en el medio circundante casi no quedan moléculas de esta substancia. A su alrededor solamente hay agua casi pura, pero dentro de los coacervados, las substancias aludidas se encuentran tan concentradas, que más parece tratarse de una solución de agua de gelatina y goma arábiga y no al revés. A ello se debe la propiedad, tan característica de los coacervados, de que sus gotas, a pesar de ser líquidas y estar impregnadas de agua, jamás se mezclan con la solución acuosa que las circunda.

Esta misma cualidad posee el protoplasma de los organismos vivos. Si partimos una célula vegetal y extraemos en agua su protoplasma, observamos que, a pesar de su consistencia líquida, no se mezcla con el agua circundante, sino que flota en ella formando bolitas muy delimitadas y aparte de la solución. Este parecido entre los coacervados artificiales y el protoplasma no es simplemente algo externo. La conclusión de los trabajos realizados en estos últimos años en que el protoplasma se encuentra, efectivamente, en estado coacervático. Aclarando que la estructura del protoplasma es, por supuesto, mucho más complicada que la de los coacervados artificiales, porque, entre otros motivos, en el protoplasma no se encuentran presentes dos substancias coloidales, como en el ejemplo anteriormente citado, sino muchas más. A pesar de esto, varias propiedades físicas y químicas del protoplasma, como son su capacidad de formar vacuolas, su ambición, permeabilidad, etc., solamente se pueden comprender estudiando los coacervados.

Una cualidad muy importante de los coacervados es que a pesar de su consistencia líquida, tienen cierta estructura. Las moléculas y las partículas coloidales que los estructuran no se encuentran distribuidas en ellos al azar, sino que están colocados entre sí en determinada forma espacial.

En algunos coacervados se logra ver incluso, cuando se los examina al microscopio, algunas estructuras, pero estas son muy inestables y sólo duran lo que las fuerzas que han determinado esa disposición de las partículas. Pequeñas variantes pueden producir hasta que el coacervado se desintegra totalmente en moléculas sueltas, disolviéndose en el medio circundante. Otras veces ocurre al contrario, el coacervado se hace más compacto, su viscosidad interna crece y puede llegar a tomar un aspecto gelatinoso. En tales ocasiones la estructura se complica y se torna más duradera. Estos cambios sufridos por los coacervados pueden ser producidos por cambios operados en las condiciones exteriores o bajo el influjo de alteraciones químicas internas.

Tenemos, entonces, que los coacervados presentan determinada forma rudimentaria de organización de la materia, aunque esta organización es todavía muy primitiva y totalmente inestable. A pesar de esto, dicha organización ya permite precisar numerosas propiedades de los coacervados. En éstos destaca sobre todo su capacidad de absorber diferentes substancias que se hallan en la solución. Se puede demostrar en forma muy fácil esta propiedad si agregamos distintos colorantes al líquido que rodea a los coacervados, porque veremos al momento cómo la substancia colorante pasa rápidamente de la solución a la gota del coacervado.

Muchas veces este fenómeno se complica con una serie de transformaciones químicas que se producen dentro del coacervado. Las partículas absorbidas por el coacervado reaccionan químicamente con las mismas substancias del propio coacervado. Y a causa de esto las gotas del coacervado a veces aumentan de volumen y crecen a expensas de las substancias absorbidas por él líquido circundante.

En esas ocasiones no solamente se produce un aumento de volumen y de peso de la gota, sino que también cambia considerablemente su composición química. Por lo tanto, notamos que en los coacervados se pueden producir determinados procesos químicos.

Es de vital importancia el hecho de que el carácter y la rapidez de esos procesos dependan en gran

El origen de la vida

medida de la estructura físico-química de dicho coacervado, para que puedan ser de distinta naturaleza en los diversos coacervados.

Luego de haber visto las propiedades de los coacervados, retrocedamos ahora a los cuerpos proteinoides de elevado peso molecular que se formaron en la primitiva capa acuosa de la Tierra. Pues bien, como ya dijimos, las moléculas de estos cuerpos, a semejanza de las moléculas de proteínas actuales, poseían en su superficie varias cadenas laterales dotadas de diferente función química, debido a la cual, a medida que iban creciendo y haciéndose más complejas las "proteínas primitivas", debieron aparecer ineludiblemente nuevas relaciones entre las diversas moléculas. En efecto, ninguna molécula podía existir aislada de las demás, debido a lo cual fue forzoso que se estructuraran verdaderos enjambres o montones de moléculas, complicadas agrupaciones de partículas que poseían una naturaleza heterogénea, ya que estaban integradas por moléculas proteínas de distinto tamaño y diferentes propiedades. De aquí apareció, sin duda, como una necesidad imperiosa la concentración de la substancia orgánica en determinados puntos del espacio. Antes o después, en este o en el otro extremo del océano primitivo, de la solución acuosa de diferentes substancias proteínicas, debieron separarse, sin duda, gotas de coacervados. Mas ya vimos anteriormente que las condiciones para la formación de los coacervados son sencillas. Basta con mezclar simplemente las soluciones de dos o varias substancias orgánicas de alto peso molecular. Por lo tanto, es posible asegurar que tan pronto como en la primitiva hidrosfera terrestre se formaron diversos cuerpos proteinoides de peso molecular más o menos elevado, inmediatamente d bieron surgir también los coacervados.

Para la formación de los coacervados ni siquiera pudo ser un obstáculo la concentración, un tanto débil, de las substancias orgánicas en el océano primitivo.

Las aguas de los mares y océanos actualmente contienen ínfimas cantidades de substancias orgánicas, originadas por la desintegración de los organismos muertos.

Estas substancias son, en su gran mayoría, absorbidas por los microorganismos que viven en el agua, para los cuales constituyen el alimento básico. Pero hay casos, no muy frecuentes, en las profundidades de los abismos del mar, en que las substancias orgánicas pueden librarse de ser atacadas por los microbios y seguir intactas durante un plazo relativamente corto. Los datos obtenidos mediante el estudio de los fondos abismales fangosos, señalan que en esas condiciones las substancias orgánicas disueltas crean sedimentos gelatinosos. Cuando el agua sólo contiene vestigios de substancias orgánicas de elevado peso molecular y los coacervados complejos se separan, este mismo fenómeno puede observarse con frecuencia en condiciones creadas artificialmente, en el cual la acción de los microorganismos queda excluida.

De este modo la mezcla de diversos coloides y, en primer lugar, la mezcla de cuerpos proteinoides primitivos en las aguas de la Tierra, debió originar la formación de coacervados, etapa importantísima en la evolución de la substancia orgánica primitiva y en el proceso que originó la vida. Hasta ese instante, la substancia orgánica había estado totalmente adherida al medio circundante, distribuida de una manera uniforme en toda la masa del disolvente. Al formarse los coacervados, las moléculas de la substancia orgánica se unieron en determinados puntos del espacio y se aislaron del medio circundante por una separación más o menos clara.

Cada coacervado tomó cierta individualidad, en contraposición, por así decirlo, al mundo exterior circundante. Solamente esa separación de los coacervados pudo crear la unidad dialéctica entre el organismo y el medio, factor fundamental en el proceso de origen y desarrollo de la vida en la Tierra. Igualmente, con el surgimiento de los coacervados la materia orgánica tomó determinada estructura. Pero antes, en las soluciones, no había más que un conglomerado de partículas que se movían desordenadamente; mientras que en los coacervados, estas partículas están colocadas, unas con respecto a otras en un orden preciso. En consecuencia, aquí ya aparecen rudimentos de determinada organización, aunque realmente muy elementales. El resultado de esto fue que a las simples relaciones organoquímicas se agregaran las nuevas leyes de la química coloidal. Estas leyes también rigen para el protoplasma vivo de los organismos actuales. De ahí que podamos situar cierta analogía entre las propiedades fisicoquímicas del protoplasma y nuestros coacervados.

En efecto, ¿podemos afirmar, basándonos en esto, que los coacervados sean seres vivos? Por supuesto que no. Y el problema no se basa únicamente en la complejidad de la composición del protoplasma y en lo delicado de su estructura. En los coacervados obtenidos artificialmente por nosotros o en aquellas gotas que aparecieron por vía natural, al desprenderse de la solución de sustancias orgánicas en el océano primitivo de la Tierra, no reinaba esa "armonía" estructural, esa adaptación de la organización interna al cumplimiento de determinadas funciones vitales en condiciones concretas de existencia, tan propia del protoplasma de todos los seres vivos sin excepción.

Dicha adaptación a las condiciones del medio ambiente, de ninguna manera podía ser el resultado de simples leyes físicas o químicas.

De igual modo tampoco bastan para explicarla las leyes de la química coloidal. De ahí que al originarse los seres vivos primitivos, sin duda, surgieron en el proceso evolutivo de la materia, nuevas leyes que poseían ya un carácter biológico.

CAPÍTULO V

*ORGANIZACIÓN DEL
PROTOPLASMA VIVO*

A fin de poder llevar adelante el curso de la evolución y el proceso del origen de la vida, es preciso conocer, aunque sea a grandes rasgos, los principios básicos de la organización del protoplasma, ese substrato material que forma la base de los seres vivos.

A fines del siglo pasado y principios del actual, algunos científicos pensaban que los organismos no eran más que unas "máquinas vivientes" de tipo especial, con una formación estructural sumamente compleja. Según ellos, el protoplasma poseía una estructura semejante a la de una máquina y estaba construido con arreglo a un determinado plan y formado por "vigas" y "tirantes", rígidos e inmutables, entrelazados unos con otros. Esta estructura, este riguroso orden en la disposición recíproca de las distintas partes del protoplasma, era justamente lo que, según el punto de vista en cuestión, constituía la causa específica de la vida, así como la causa del trabajo específico de una máquina depende de su estructura, según la forma en que están dispuestas las ruedas, los ejes, los pistones y las demás partes del mecanismo. De aquí la conclusión de que si consiguiéramos estudiar detalladamente y captar esta estructura, tendríamos aclarado el enigma de la vida.

Pero el estudio concreto del protoplasma ha negado ese principio mecanicista. Se verificó que en el protoplasma no existe ninguna estructura que se parezca a una máquina ni siquiera a las de máxima precisión.

Se sabe que la masa fundamental del protoplasma es líquida; es un coacervado complejo, formado por numerosas substancias orgánicas de enorme peso molecular, entre las que figuran, en primer término, las proteínas y los lipoides. De ahí que en esa substancia coacervática fundamental floten libremente partículas filamentosas coloidales tal vez gigantescas moléculas proteínicas sueltas, y más, probablemente, verdaderos enjambres de esas moléculas. Las partículas son tan minúsculas que no se alcanzan a distinguir ni siquiera con ayuda de los microscopios modernos más perfectos. Pero a la vez, en el protoplasma existen también elementos visibles. De suerte que al unirse formando grandes montones, las moléculas proteínicas y de otras substancias pueden destacarse en la masa protoplasmática en forma de gotas pequeñas, pero ya visibles al microscopio, o formando algo así como coágulos, con una estructura determinada a los que se denomina elementos morfológicos: el núcleo, las plastídulas, las mitocondrias, etcétera.

Dichos elementos protoplasmáticos, visibles al microscopio, son, en esencia, la expresión externa, una manifestación aparente de determinadas relaciones de solubilidad profundamente complejas, de las substancias del protoplasma. Como veremos después, esta estructura tan lábil del protoplasma cumple, sin lugar a dudas, un gran papel en el curso del proceso vital, pero éste no puede compararse de ninguna manera con el que desempeña la estructura de una máquina en su trabajo específico. Y esto se justifica plenamente, por ser la máquina y el protoplasma, en principio, dos sistemas totalmente opuestos.

En efecto, lo que distingue la labor de una máquina es el desplazamiento mecánico de sus diversas partes en el espacio. Por eso, precisamente, el elemento primordial de la organización de una máquina es, justamente, la disposición de sus piezas. El proceso vital posee un carácter completamente diferente. Su manifestación esencial es el recambio de substancias, o sea la interacción química de las diversas partes que forman el protoplasma. Por eso, el elemento más importante de la organización del protoplasma no es la distribución de sus partes en el espacio (como sucede en la máquina), sino un determinado orden de los procesos químicos en el tiempo, su combinación armónica tendiente a conservar el sistema vital en su conjunto.

El equívoco de los mecanicistas reside sobre todo en ignorar esta diferencia. Por afán de dar a los seres vivos la misma forma de movimiento de la materia que poseen las máquinas, quieren establecer una igualdad entre la organización del protoplasma y su estructura, o sea, reducen esa organización a una simple distribución en el espacio de sus diversas partes.

Está bien claro que se trata, lógicamente, de una interpretación unilateral ya que toda organización no solamente hemos de concebirla en el espacio, sino también en el tiempo. Cuando decimos por ejemplo que en una asamblea hay "organización", no es sólo porque los que allí asisten se han distribuido en la sala en una determinada forma, sino además porque la asamblea se rige por un reglamento y porque las intervenciones de los oradores se harán en un orden previamente establecido.

De acuerdo al carácter del sistema de que se trate, se destacará en primer lugar su organización, tanto en el espacio como en el tiempo. Porque lo que decide en una máquina es la organización espacial; pero también conocemos numerosos sistemas en los que sobresale en primer término la organización en el tiempo. En calidad de ejemplo de esos sistemas puede servirnos cualquier obra musical, una sinfonía, pongamos por caso. Porque lo que determina cualquier sinfonía es la combinación, en un orden estricto en el tiempo, de decenas o centenares de las miles de notas que la componen. Es suficiente salirse de la combinación armónica, requerida, de este determinado orden de sonidos, para que desaparezca la sinfonía como tal y quede una desarmonía convertida en un caos.

Para la formación del protoplasma es de suma importancia la existencia de una determinada y sutil estructura interna. Más, aparte de esto, lo decisivo en este caso es la organización en el tiempo, es decir, cierta armonía de los procesos que se operan en el protoplasma. Todo organismo, ya sea animal, planta o microbio, vive solamente mientras estén pasando por él, en torrente continuo, nuevas y nuevas partículas de substancias, impregnadas de energía. Desde el medio ambiente pasan al organismo diferentes cuerpos químicos; y una vez dentro, son sometidos a esenciales cambios y transformaciones, a raíz de los cuales se convierten en substancia del propio organismo y se tornan iguales a los cuerpos químicos que anteriormente integraban al ser vivo. Este proceso es el que se denomina: asimilación. Pero paralelamente a la asimilación se da el proceso contrario, la desasimilación. Es decir, que las substancias del organismo vivo no quedan inmutables, sino que se desintegran con mayor o menor rapidez, y son reemplazadas por los cuerpos asimilados. Así, los productos de la desintegración son expulsados al medio circundante.

En efecto, la substancia del organismo vivo jamás permanece inmóvil, sino que se desintegra y vuelve a formarse continuamente en virtud de las numerosas reacciones de desintegración y síntesis, que se desarrollan en estrecho entrelazamiento, Heráclito, dialéctico de la antigua Grecia, ya comentaba: nuestros cuerpos fluyen como un arroyo, y de la misma manera que el agua de éste, la materia se renueva en ellos. Claro está que la corriente o el chorro de agua pueden mantener forma, su aspecto exterior durante cierto tiempo, pero esta forma no es otra cosa que la manifestación externa de ese proceso continuo que es el movimiento de las partículas del agua. Incluso la existencia misma de este sistema que acabamos de describir depende, naturalmente, de que por el chorro de agua pasen constantemente, con determinada velocidad, nuevas y nuevas moléculas de materia. Pero si hacemos que se interrumpa el proceso, el chorro desaparece como tal. Y esto mismo sucede en todos los sistemas llamados dinámicos basados en un determinado proceso.

Es incuestionable que todo ser vivo es también un sistema dinámico. Exactamente lo mismo que en el chorro de agua, su forma y su estructura no son otra cosa que la expresión externa y aparente de un equilibrio, extraordinariamente lábil, formado entre procesos que en sucesión permanente se producen en ese ser vivo a lo largo de toda su vida. No obstante, el carácter de estos procesos es completamente distinto a lo que sucede en los sistemas dinámicos de la naturaleza inorgánica.

Las moléculas de agua arribaron al chorro, ya como tales moléculas de agua, y pasan a través de él sin que se produzca ninguna alteración. Porque, el organismo, que toma del medio ambiente substancias ajenas a él y de naturaleza "extraña" a la suya, mediante complejos procesos químicos, las convierte en substancias de su propio cuerpo, en substancias iguales a los materiales que forman su cuerpo.

Justamente, esto es lo que crea las condiciones que permiten mantener constante la composición y estructura del organismo a pesar de la existencia de un proceso ininterrumpido de desintegración, de desasimilación.

Así, pues, desde el punto de vista solamente químico, el recambio de substancias o metabolismo es un conjunto de innumerables reacciones más o menos sencillas, de oxidación, reducción, hidrólisis condensación, etcétera. Lo que difiere en forma específica al protoplasma, es que en él estas diversas reacciones están organizadas en el tiempo de cierto modo, combinándose así para formar un sistema único e integral. Está claro que estas reacciones no brotan al azar, caóticamente, sino que se producen en sucesión rigurosa, en determinado orden armónico.

Este orden constituye la base de todos los fenómenos vitales conocidos. Por ejemplo, en la fermentación alcohólica, el azúcar que proviene del líquido, fermentable, penetra en la célula de la levadura y sufre una serie de transformaciones químicas, cuyo esquema podemos ver en la página 107 Es decir, que primero se le incorpora el ácido fosfórico y luego se divide en dos partes.

Una de ellas experimenta un proceso de reducción, en tanto que la otra se oxida y se convierte, finalmente, en ácido pirúvico, el que después se descompone en anhídrido carbónico y acetaldehido. Este último se reduce, transformándose en alcohol etílico. Así vemos, pues, que al final, el azúcar se ha convertido en alcohol y anhídrido carbónico.

Así vemos que lo que determina en la célula de la levadura la producción de estas substancias es que en ella se observa con extraordinario rigor la sucesión ordenada de todas las reacciones indicadas en el esquema. De tal forma que si sustituyésemos en esta cadena de transformaciones aunque sólo fuese un eslabón o si alterásemos en lo más mínimo el orden de sucesión de las transformaciones indicadas ya no obtendríamos alcohol etílico, sino otra substancia completamente distinta. En efecto, en las bacterias de la fermentación láctica el azúcar experimentaba al comienzo las mismas modificaciones que en la levadura. Pero una vez que se forma el ácido pirúvico, éste ya no se descompone, sino que, por el contrario, se reduce inmediatamente. He aquí la razón por la que en las bacterias de la fermentación láctica el azúcar no se convierta en alcohol etílico, sino en ácido láctico (esquema de la página 108).

El estudio detallado de la síntesis de diferentes substancias en el protoplasma demuestra que estas substancias no surgen de golpe, provenientes de un acto químico especial, sino que son el resultado de una larga cadena de transformaciones químicas.

Para que se constituya un cuerpo químico complejo, propio de un determinado ser vivo, es necesario que muchas decenas, centenares e incluso miles de reacciones se produzcan en un orden "regular", rigurosamente previsto, base de la existencia del protoplasma.

Porque cuanto más compleja es la substancia, mayor es el número de reacciones que intervienen en su formación dentro del protoplasma y con tanto mayor rigor y exactitud deben conjugarse estas reacciones entre sí. En efecto, según se ha demostrado en investigaciones recientemente realizadas, en la síntesis de las proteínas a partir de los aminoácidos toman parte muchas reacciones, que se producen en ordenada sucesión. Unicamente, y debido a la rigurosa armonía, a la ordenada sucesión de estas reacciones, en el protoplasma vivo se produce ese ritmo estructural, esa regularidad en la sucesión de los aminoácidos, que observamos en las proteínas actuales.

Por consiguiente, las moléculas proteínicas, así originadas y poseedoras de determinada estructura se agrupan entre sí, impulsadas por ciertas leyes, para formar enjambres moleculares más o menos importantes o verdaderos agregados moleculares que acaban por separarse de la masa protoplasmática y se destacan como elementos morfológicos, visibles al microscopio, como formas protoplasmáticas dotadas de gran movilidad. Por lo tanto; la composición química propia del protoplasma, como su estructura, son, hasta cierto punto, la manifestación del orden en que se producen los procesos químicos que permanentemente se están efectuando en la materia viva.

Pues bien, ¿de qué depende ese orden, propio de la organización del protoplasma? ¿Cuáles son sus causas inmediatas? Un estudio detallado de este problema nos demostrará que el orden indicado no es algo externo, independiente de la materia viva, como creían los idealistas; al contrario, actualmente sabemos muy bien que la velocidad, la dirección y la concatenación de las distintas reacciones, todo eso que forma el orden que estamos viendo, depende absolutamente de las relaciones físicas y químicas establecidas en el protoplasma vivo.

El fundamento de todo ello lo constituyen las propiedades químicas de las substancias que integran el protoplasma, ante todo, y de las substancias orgánicas que hemos descrito y examinado en los capítulos anteriores. Dichas substancias están provistas de gigantescas posibilidades químicas y pueden dar las reacciones más variadas. Pero, estas posibilidades son aprovechadas por ellas con increíble "pereza", con mucha lentitud, en ocasiones con una velocidad insignificante. Muchas veces, para que se produzca alguna de las reacciones que se dan entre las substancias orgánicas, se necesitan muchos meses y, a veces, hasta años. Por esa razón, los químicos usan a menudo en su trabajo diferentes substancias de acción enérgica, ácidos y álcalis fuertes, etcétera, con el fin de fustigar, como si dijéramos, de acelerar el proceso de las reacciones químicas entre las substancias orgánicas.

Para lograr ese aceleramiento de las reacciones químicas, cada vez se recurre más seguido al uso de los llamados catalizadores. Pues desde hace mucho se había notado que bastaba añadir a la mezcla donde se estaba efectuando una reacción, una dosis insignificante de algún catalizador para que se produjera un enorme aceleramiento de la misma. Por otra parte, lo que distingue a los catalizadores es que no se destruyen en el curso de la reacción, y una vez concluida ésta, vemos que queda una cantidad de catalizador exactamente igual a la que fue añadida al principio. De tal manera, que, bastan a veces cantidades muy pequeñas de catalizador para provocar la rápida transformación de masas muy considerables de distintas substancias. Esta propiedad es muy utilizada hoy día en la industria química, donde se ocupan como catalizadores diferentes metales, sus óxidos, sus sales y otros cuerpos inorgánicos y orgánicos.

Las reacciones químicas que se presentan en los animales y en los vegetales entre las diferentes substancias orgánicas se efectúan con increíble velocidad. De no ser así, la vida no podría transcurrir tan vertiginosamente como en realidad transcurre. Como ya es sabido, la gran velocidad de las reacciones químicas que se producen en el protoplasma se debe a que en él siempre se encuentran presentes unos catalizadores biológicos especiales llamados fermentos.

Los fermentos fueron descubiertos hace tiempo, y ya desde mucho antes los hombres de ciencia habían reparado en ellos. Pues resultó que los fermentos podían sacarse del protoplasma vivo y separarse en forma de solución acuosa o incluso como polvo seco fácilmente soluble. Hace poco se obtuvieron fermentos en forma cristalina y fue resuelta su composición química. Todos ellos resultaron ser proteínas, combinadas a veces con otras substancias de naturaleza no proteínica. Mas por el carácter de su acción, los fermentos son muy parecidos a los catalizadores inorgánicos. No obstante se distinguen de ellos por la extraordinaria intensidad de sus efectos.

En este aspecto, los fermentos sobrepasan en centenares de miles e incluso en millones de veces a los catalizadores inorgánicos de acción. Por lo tanto, en los fermentos de naturaleza proteínico se produce un mecanismo extraordinariamente perfecto y muy racional para acelerar las reacciones químicas entre las substancias orgánicas.

Además, los fermentos se distinguen por la excepcional especificidad de su acción.

Naturalmente, la causa de esto radica en las particularidades del efecto catalítico de las proteínas; pues la substancia orgánica (el substrato) que se altera durante el proceso metabólico, forma primero que nada, una unión complicada de muy corta duración con la correspondiente proteína-fermento. Esta unión compleja, es inestable, pues con mucha rapidez sufre diferentes transformaciones: el substrato experimenta los cambios correspondientes y el fermento se regenera, pudiendo volver a unirse a otras porciones del substrato.

Por consiguiente, para que cualquier substancia del protoplasma vivo pueda tener participación realmente en el metabolismo, debe combinarse con una proteína y constituir con ella una unión compleja. De lo contrario, sus posibilidades químicas se realizarán con tanta lentitud que les quitará toda importancia para el impetuoso proceso de la vida. Es por eso que la forma en que se modifica cualquier substancia orgánica en el curso del metabolismo, no depende únicamente de la estructura molecular de esa substancia y de las posibilidades químicas que ella encierra, sino también de la acción fermentativa específica de las proteínas protoplasmáticas encargadas de conducir esa substancia al proceso metabólico general.

Los fermentos no son sólo un poderoso acelerador de los procesos químicos que sufre la materia viva; son al mismo tiempo un mecanismo químico interno, gracias al cual esos procesos son llevados por un cauce bien concreto. La gran especificidad de las proteínas-fermentos logra que cada una de ellas forme uniones complejas solamente con substancias bien determinadas y catalice tan sólo ciertas reacciones.

Por esta razón, al producirse éste o el otro proceso vital, y con mayor razón todavía, al verificarse todo el proceso metabólico, entran en acción centenares, miles de proteínas-fermento diferentes. Cada una de estas proteínas puede catalizar con carácter específico una sola reacción, y sólo el conjunto de las acciones de todas ellas, combinadas de un modo muy preciso, permitirá ese orden regular de los fenómenos que constituye la base del metabolismo.

Usando en nuestros laboratorios los diversos fermentos específicos obtenidos del organismo vivo, podemos reproducir aisladamente las distintas reacciones químicas, los diferentes eslabones del proceso metabólico. Esto nos ayuda a desenredar el enmarañado ovillo de las transformaciones se mezclan miles de reacciones individuales. Mediante este procedimiento podemos descomponer el proceso metabólico en sus distintas etapas químicas, podemos analizar, no sólo las substancias que forman la materia viva, sino además los procesos que se realizan en ella. De este modo, A. Baj, V. Palladin y, luego, otros investigadores consiguieron demostrar que la respiración, típico proceso vital, se basa en una serie de reacciones de oxidación, reducción, etcétera, que se van produciendo con todo rigor en determinado orden y cada una de las cuales es catalizada por su fermento específico. Lo mismo fue demostrado por S. Kóstichev, A. Liébedev y otros autores en lo que se refiere a la química de la fermentación.

Actualmente, ya hemos pasado del análisis de los procesos vitales a su reproducción, a su síntesis. Así, combinando en forma muy precisa en una solución acuosa de azúcar una veintena de fermentos diferentes, obtenidos de seres vivos, podemos reproducir los fenómenos de la fermentación alcohólica. En este líquido, donde se encuentran disueltas numerosas proteínas distintas, las transformaciones del azúcar se verifican en el mismo orden regular que siguen en la levadura viva, aunque en este caso no existe, por supuesto, ninguna estructura celular.

En el presente ejemplo el orden de las reacciones viene determinado por la composición cualitativa de la mezcla de fermentos. Pero, en el organismo también existe una regulación rigurosamente cualitativa de la acción catalítica de las proteínas. Regulación que se fundamenta en la extraordinaria sensibilidad de los fermentos a las influencias de distinta naturaleza. La verdad es que no hay factor físico o químico, ni substancia orgánica o sal inorgánica que, en una u otra forma, influya sobre el curso de las reacciones fermentativas. Cualquier aumento o baja de la temperatura, toda modificación de la acidez del medio, del potencial oxidativo; de la, composición salina o de la presión osmótica, cambiará la correlación entre las velocidades de las diferentes reacciones fermentativas alterando así su concatenación en el tiempo. Aquí se sustentan las premisas de esa unidad entre el organismo y el medio, tan característica de la vida, a la cual I. Michurin proporcionó en sus trabajos una amplia base científica.

Esa especial organización de la substancia viva tiene, en las células de los organismos actuales, una gran influencia sobre el orden y la dirección de las reacciones fermentativas que forman la base del proceso metabólico. Al agruparse entre sí las proteínas pueden separarse de la solución general y lograr distintas estructuras protoplasmáticas dotadas de gran movilidad. No cabe duda de que sobre la superficie de estas estructuras se concentran muchos fermentos.

Las investigaciones realizadas por el Instituto de Bioquímica de la Academia de Ciencias de la URSS han puesto de relieve que está unión entre los fermentos y las estructuras protoplasmáticas no sólo influye en forma substancial sobre la velocidad, sino también sobre la dirección de las reacciones fermentativas. Lo cual estrecha más aún, la relación entre el metabolismo y las condiciones del medio ambiente. Muchas veces sucede que cualquier factor, que por sí solo no ejerce ninguna influencia sobre el trabajo de los diversos fermentos, altera totalmente el equilibrio entre la desintegración y la síntesis al modificar la capacidad ligadora de las estructuras proteínicas del protoplasma, sumamente sensibles a estas influencias.

De este modo, ese orden, tan propio de la organización del protoplasma, se basa en las propiedades químicas de las substancias que forman la materia viva.

La inmensa variedad de substancias existentes y su inmensa capacidad de dar origen a reacciones químicas, contienen la posibilidad de infinitos cambios y transformaciones químicas. Sin embargo, en el protoplasma vivo estas transformaciones están regidas por una serie de factores externos e internos: la presencia de todo un juego de fermentos; su relación cualitativa; la acidez del medio; el potencial de óxido-reducción; las propiedades coloidales del protoplasma y su estructura, etcétera. Cada substancia que aparece en el protoplasma, cada estructura que se separa de la masa protoplasmática general, todo eso altera la rapidez y la dirección de las diversas reacciones químicas y, por lo tanto, influye sobre todo el orden de los fenómenos vitales en su conjunto.

Nos encontramos entonces, frente a un círculo de fenómenos que se entrelazan unos con otros y que están estrechamente relacionados entre sí. El orden regular de las reacciones químicas, propio del protoplasma, vivo, da origen a la formación de determinadas substancias, de ciertas condiciones físicas y químicas y de diferentes estructuras morfológicas. Pero todos estos fenómenos —la composición del protoplasma, sus propiedades y estructura—, una vez presentes, empiezan a su vez a actuar como factores determinantes de la velocidad, de la dirección y de la concatenación de las reacciones que se verifican en el protoplasma, y por lo tanto, también, el orden regular que originó esa composición y esa estructura del protoplasma.

Pues bien, el orden mencionado sigue una determinada dirección, tiende a un determinado fin, y esta circunstancia, propia de la vida, es de gran importancia, porque manifiesta una diferencia de principio entre los organismos vivos y todos los sistemas del mundo inorgánico. Los centenares de miles de reacciones químicas que se efectúan en el protoplasma, vivo, no solamente están rigurosamente coordinados en el tiempo, ni sólo se combinan armónicamente en un orden único, sino que todo este orden tiende a un mismo fin: a la autorrenovación, a la autoconservación de todo sistema vivo en su conjunto, en consonancia con las condiciones del medio ambiente.

Precisamente por eso el protoplasma es un sistema dinámico estable y, pese al constante proceso de desintegración (desasimilación) que en él se efectúa, conserva de generación en generación la organización que le es propia. Por eso todos los eslabones de esta organización pueden ser estudiados y comprendidos por nosotros con la ayuda de las leyes físicas y químicas. De esta manera, podemos saber por qué se originan en el protoplasma esta o aquella substancia o estructura y en qué forma esta substancia o esta estructura influye sobre la velocidad y la sucesión de las reacciones químicas, o sobre la correlación entre la síntesis y la desintegración, o sobre el crecimiento y la morfogénesis de los organismos, etcétera.

Más el conocimiento de las leyes citadas y el estudio del protoplasma en su aspecto actual no nos permitirán jamás, por sí solos, contestar a la pregunta de por qué todo este orden vital es como es, por qué es tan "armónico", por qué está en consonancia con las condiciones del medio ambiente. Para contestar a estas preguntas es necesario estudiar la materia en su desarrollo histórico. No hay duda respecto a que la vida ha surgido, durante este desarrollo, como una forma nueva y más compleja de organización de la materia regida por leyes de orden muy superior a las que imperan sobre la naturaleza inorgánica.

Solamente la unidad dialéctica del organismo y el medio, que únicamente hubo de surgir sobre la base de la formación de sistemas individuales de orden plurimolecular, fue lo que determinó la aparición de la vida y todo su desarrollo ulterior en la Tierra.

CAPÍTULO VI

ORIGEN DE LOS ORGANISMOS PRIMITIVOS

Los coacervados que surgieron por primera vez en las aguas de los mares y océanos todavía no poseían vida. No obstante, ya desde su aparición llevaban latente la posibilidad de dar origen, en ciertas condiciones del desarrollo, a la formación de sistemas vivos primarios.

Como ya vimos en los capítulos anteriores, tal situación también se observa en todas las etapas anteriores de la evolución de la materia. En las increíbles propiedades de los átomos de carbono de los cuerpos cósmicos se encontraba latente ya la posibilidad de formar hidrocarburos y sus derivados más simples. Éstos, gracias a la conformación especial de sus moléculas y a las propiedades químicas de que estaban dotados, tuvieron que transformarse forzosamente, en las tibias aguas del océano primitivo, en diferentes substancias orgánicas de elevado peso molecular, originando, en particular, los cuerpos proteinoides. De igual manera las propiedades de las proteínas encerraban ya la posibilidad de originar coacervados complejos. De ahí que a medida que iban desarrollándose y haciéndose más complejas, las moléculas proteínicas tuvieron que agruparse y separarse de las soluciones en forma de gotas coacerváticas.

En esta individualización de las gotas en relación con el medio externo —en la formación de sistemas coloidales de tipo individual—, encontrábase implícita la garantía de su ulterior desarrollo. Diríase que incluso gotas que habían aparecido al mismo tiempo en la solución acuosa se distinguían en cierta forma unas de otras por su composición y por su estructura interna. Y estas particularidades individuales de la organización físico-química de cada gota coacervatica ponían su sello a las transformaciones químicas que se efectuaban precisamente en ella. La existencia de tales o cuales substancias, la presencia o ausencia de catalizadores inorgánicos muy simples (hierro, cobre, calcio, etc.); el grado de concentración de las substancias proteínicas o de otras substancias coloidales que integraban el coacervado y, por último, una determinada estructura, aunque fuese muy inestable, todo ello se dejaba sentir en la velocidad y la dirección de las diferentes reacciones químicas que se producían en esa gota coacervática, todo ello imprimía un carácter específico a los procesos químicos de la misma. De esta forma se iba notando cierta relación entre la estructura individual u organización de esa gota y las alteraciones químicas que se producían en ella mediante las condiciones concretas del medio circundante.

Dichas transformaciones eran distintas en las diferentes gotas. Esto, en primer lugar.

En segundo lugar, debe tomarse en consideración la circunstancia de que las diversas reacciones químicas, que en forma más o menos desordenada se producían en la gota coacervática, no cesaron de desempeñar su papel en la suerte ulterior del coacervado. Desde este punto de vista, algunas de esas reacciones tuvieron una influencia positiva, fueron útiles, coadyuvaron a hacer más estable el sistema en cuestión y a alargar su existencia. Por el contrario, otras fueron perjudiciales, observaron un carácter negativo y condujeron a la destrucción, a la desaparición de nuestro coacervado individual.

Al parecer, se desprende que la propia formación de sistemas individuales facilitó la aparición de relaciones y de leyes totalmente nuevas. En otras palabras,

ESQUEMA DE LA FERMENTACIÓN ALCOHÓLICA

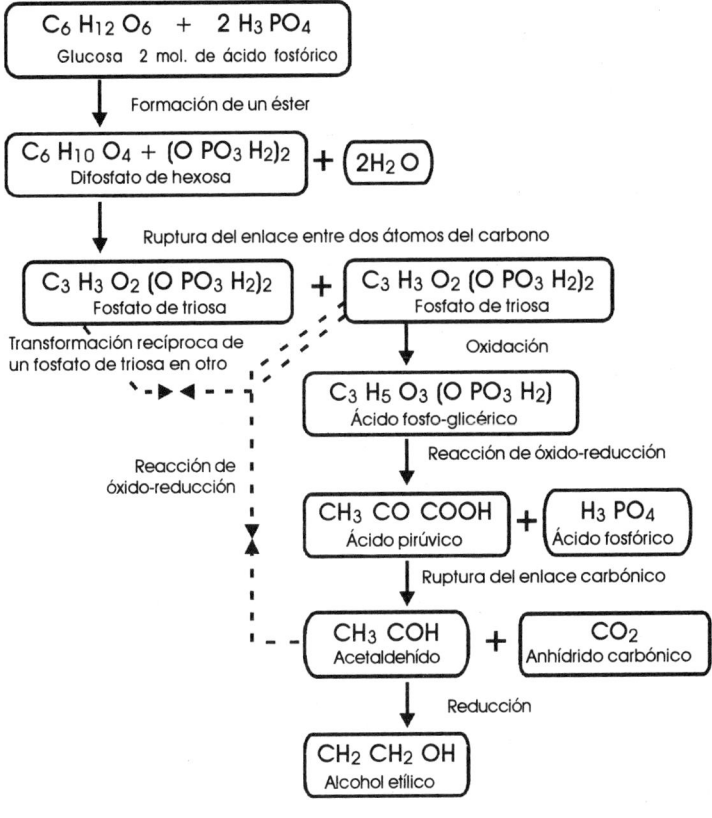

en una simple solución homogénea de substancia orgánica, los conceptos "útil" y "perjudicial" no tienen sentido, pero aplicados a sistemas individuales adquieren una significación muy real, puesto que los

ESQUEMA DE LA FERMENTACIÓN LÁCTICA

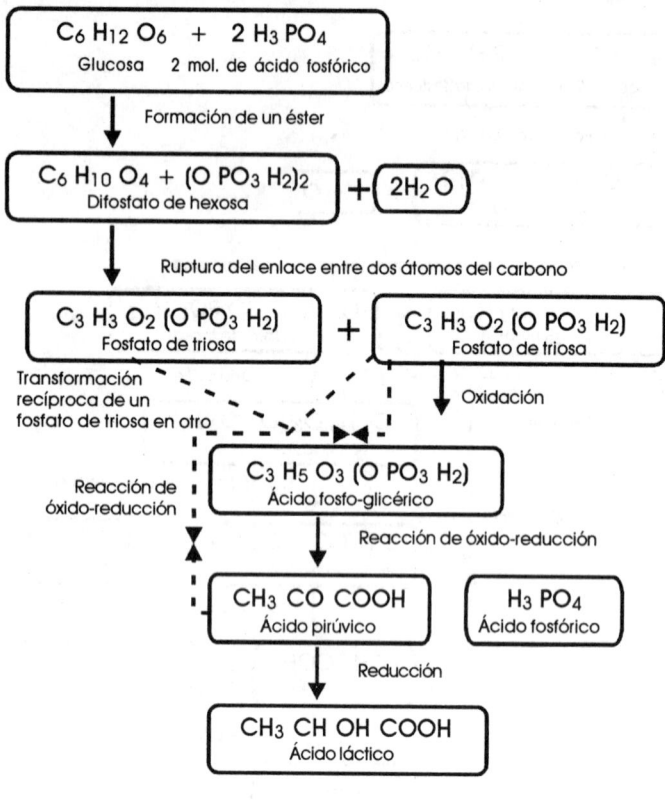

fenómenos a que se refieren determinan la suerte ulterior de estos sistemas.

Así, mientras la substancia orgánica permanecía fundida completamente en el medio circundante, mientras se encontraba diluida en las aguas de los mares y océanos primitivos, podíamos observar la evolución de esa substancia en su conjunto, cual si formase un todo único. Más apenas la substancia orgánica se reúne en determinados puntos del espacio, formando coacervados, en cuanto estas estructuras se separan del medio ambiente por límites más o menos claros y logran cierta individualidad, inmediatamente se crean nuevas relaciones, más complejas que las anteriores. Desde ese instante, la historia de cualquiera de esos coacervados pudo variar esencialmente con relación a la historia de otro sistema individual análogo, adyacente a él. Lo que ahora determinará su destino serán las relaciones entre las condiciones del medio ambiente y la propia estructura específica de la gota que, en sus detalles, es exclusiva de ella, pudiendo ser algo diferente en las otras gotas, pero al mismo tiempo específica para cada gota individual.

¿Cuáles fueron las causas que permitieron la existencia individual de cada una de esas gotas en las condiciones concretas del medio ambiente? Supongamos que en alguno de los depósitos primitivos de agua de nuestro planeta se formaron coacervados al mezclarse con diferentes soluciones de substancias orgánicas de elevado peso molecular. Pero veamos cuál pudo haber sido el destino de cualquiera de ellos. Digamos pues, que en el océano primitivo de la Tierra, el coacervado no se encontraba sencillamente sumergido en agua, sino que se hallaba en una solución de distintas substancias orgánicas e inorgánicas. Dichas substancias eran absorbidas por él, después de lo cual empezaban a manifestarse reacciones químicas entre esas substancias y las del propio coacervado. Por consiguiente, el coacervado iba creciendo.

Más, junto a estos procesos de síntesis, en la gota se producían también procesos de descomposición, de desintegración de la substancia. Es decir, que la rapidez de uno y otro proceso estaba determinada por la concordancia entre las condiciones del medio externo (temperatura, presión, concentración de las substancias orgánicas y de las sales, acidez, etc.), y la organización físico-química interna de la gota. Pues bien, la correlación entre la velocidad de los procesos de síntesis y de integración no podía ser indiferente para el destino ulterior de nuestra forma coloidal.

En efecto, podía ser útil o perjudicial, podía influir en forma positiva o negativa en la existencia misma de nuestra gota e incluso en la posibilidad de su aparición.

Sólo pudieron subsistir durante un tiempo más o menos prolongado los coacervados que poseían cierta estabilidad dinámica, aquellos en los que la velocidad de los procesos de síntesis predominaba sobre la de los procesos de desintegración, o por lo menos se equilibraba con ella. Al revés sucedía con las gotas cuyas modificaciones químicas tendían fundamentalmente en las condiciones concretas del medio circundante hacia la desintegración, es decir, que estaban condenadas a desaparecer más o menos pronto o ni siquiera alcanzaban a formarse. De todas maneras, su historia individual se detenía relativamente pronto, razón por la que ya no podrían desempeñar un papel importante en la evolución ulterior de la substancia orgánica. Esta función sólo podrían realizarla las formas coloidales dotadas de estabilidad dinámica. Cualquier pérdida de esta estabilidad llevaba a la muerte rápida y a la destrucción de tan "desafortunadas" formas orgánicas.

Consecuentemente, esas gotas mal organizadas se desintegraban, y las substancias orgánicas que contenían volvían a dispersarse por la solución y se integraban a ese sustento general del que se alimentaban las gotas coacerváticas más afortunadas", mejor organizadas.

Además, aquellas gotas en las que la síntesis predominó sobre la desintegración, no sólo debieron conservarse, sino también aumentaron de volumen y de peso, es decir, crecieron. Así fue como se produjo un aumento gradual de proporciones de aquellas gotas que tenían justamente la organización más perfecta para las condiciones de existencia dadas. Pues bien, cada una de esas gotas, al crecer sólo por influencia de causas puramente mecánicas debieron de dividirse en diferentes partes, en varios trozos. Las gotas "hijas" formadas de este modo tenían casi igual organización físico-química que el coacervado del cuál procedían. Pero desde el momento de la división, cada una de ellas tendría que continuar su camino, en cada una de ella tendrían que comenzar a verificarse modificaciones propias que harían mayores o menores sus posibilidades de subsistir. Se entiende, pues, que todo esto sólo pudo suceder en los coacervados cuya organización individual, en esas condiciones concretas del medio externo, les procuraba estabilidad dinámica. Tales coacervados eran los únicos que podían subsistir un tiempo largo, crecer y subdividirse en formas "hijas". Cualquiera de las alteraciones que se producían en la organización del coacervado bajo el influjo de las variaciones constantes del medio externo, sólo podía resistirlas aquel en el caso de que reuniera las condiciones arriba mencionadas, es decir, solamente si elevaba la estabilidad dinámica del coacervado en aquellas condiciones concretas de existencia.

Por esto, al mismo tiempo que aumentaba la cantidad de substancia organizada, a la vez que crecían las gotas coacerváticas en la superficie de la Tierra. Se alteraba también constantemente la calidad de su propia organización, y estas modificaciones se producían en determinado sentido, justamente en el sentido que llevaba a un orden de los procesos químicos que debían asegurar la autoconservación y la autorrenovación constante de todo el sistema en su conjunto.

Justamente, y a la vez que aumentaba la estabilidad dinámica de nuestras formas coloidales, su desarrollo ulterior debía inclinarse también hacia un incremento del propio dinamismo de estos sistemas, hacia la aceleración de la velocidad de las reacciones que se producían en ellos. Se comprende muy bien que estos coacervados dinámicamente estables poseían, gracias a. su capacidad recién lograda de transformar más rápidamente las substancias, grandes ventajas sobre los otros coacervados que flotaban en la misma solución de cuerpos orgánicos. Esta capacidad les permitía asimilar en forma más rápida esos cuerpos orgánicos, crecer con mayor rapidez y, por eso, en el conjunto general de los coacervados, su significación y la de su descendencia se hacia cada vez mayor.

Efectivamente, los coacervados orgánicos más sencillos, con su inestable estructura elemental, tarde o temprano debieron desaparecer de la faz de la Tierra, seguramente se desintegraron y retornaron a la solución primitiva. Así, sus descendientes más inmediatos, que ya poseían cierta estabilidad también habrían de retrasarse pronto en su desarrollo si no lograban al mismo tiempo la capacidad de llevar a cabo rápidamente las reacciones químicas. Solamente podrían seguir creciendo y desarrollándose las formas en cuya organización se habían producido cambios esenciales que aumentaban en gran forma la velocidad de las reacciones químicas y les otorgaban cierta coordinación, cierto orden.

Como ya vimos en el capítulo anterior, los fermentos son esos elementos químicos internos que impulsan y aceleran y orientan el curso de los procesos que se producen en el protoplasma vivo. Hace poco se ha podido afirmar que la fuerza extraordinaria de la acción catalítica de los fermentos y su asombrosa especificidad obedecen a una estructura especial de las proteínas que los componen.

Los fermentos son cuerpos complejos en los que se mezclan substancias que poseen actividad catalítica y proteínas específicas, las cuales incrementan en alto grado esa actividad. Podemos tomar como ejemplo la catalasa, fermento cuya función en el protoplasma vivo consiste en acelerar la descomposición del peróxido de hidrógeno en oxígeno y agua. Esta reacción es susceptible de acelerarse por la simple presencia de hierro inorgánico, pero la acción de éste en tal caso es muy débil. Pero combinando el hierro con una substancia orgánica especial (el pirrol), podemos lograr que ese efecto sea casi mil veces mayor. El fermento natural, la catalasa, también contiene hierro combinado con pirrol, pero su efecto es casi diez millones de veces mayor que el de esa combinación, porque la catalasa, con el hierro y el pirrol combina, también, una proteína específica.

LOS SERES VIVOS MÁS SENCILLOS

Los seres vivos que surgieron en un principio eran parecidos a los microbios existentes en la actualidad.

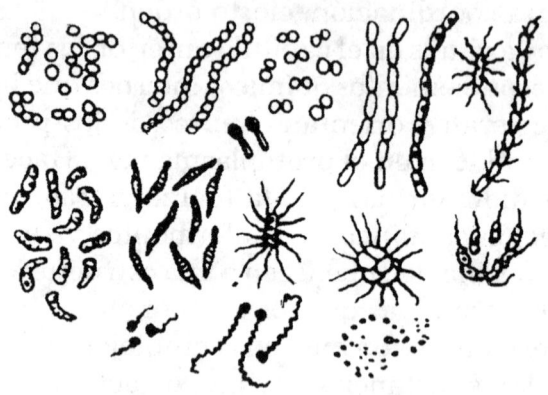

Diversos tipos de bacterias actuales

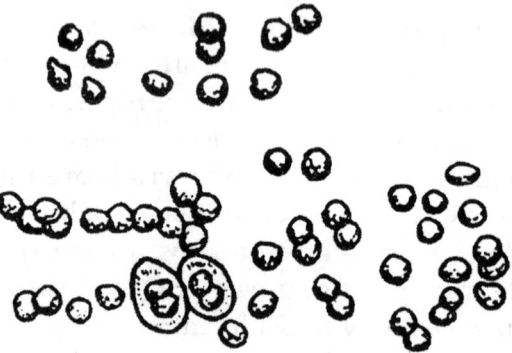

Algas cianofíceas

Por lo tanto, tenemos que un miligramo de hierro de la catalasa puede reemplazar por su efecto catalítico a diez toneladas de hierro inorgánico. ¡Pero a pesar de todo el perfeccionamiento de nuestra técnica industrial, aún no hemos logrado el nivel de "racionalización" logrado por la naturaleza viva!

Naturalmente, este incremento de la acción catalítica se debe a la estructura específica de las proteínas-fermentos, a que en éstas se combinan con extraordinaria perfección grupos activos y grupos activadores. De ahí que por sí solas, las diferentes, partes del fermento ejercen una acción catalítica débil.

Sin embargo, la alta potencia del fermento sólo se obtiene cuando estas partes se combinan entre sí de una manera muy precisa. Pues es un hecho que esa combinación de los grupos citados que nos ofrecen los fermentos y esa relación, tan propia de ellos, que hay entre su estructura química y la función fisiológica, sólo pudieron originarse a raíz de un constante perfeccionamiento de esos sistemas y la adaptación de su estructura a la función que desempeña en las condiciones de existencia dadas.

Las innumerables transformaciones de las substancias orgánicas, primero en la solución acuosa y después en las formas coloidales primitivas, se daban con relativa lentitud. La rapidez de las diferentes reacciones sólo pudo lograrse gracias a la acción de catalizadores inorgánicos (sales de calcio, de hierro, de cobre, etc.), tan abundantes en las aguas del océano primitivo.

En las formaciones coloidales individuales, estos catalizadores inorgánicos comenzaron a combinarse de mil formas con diversos cuerpos orgánicos. De todas estas combinaciones, unas podían ser acerta-

PLANTAS Y ANIMALES UNICELULARES

Más adelante, su forma interna se fue complicando y surgieron los seres vivos unicelulares.

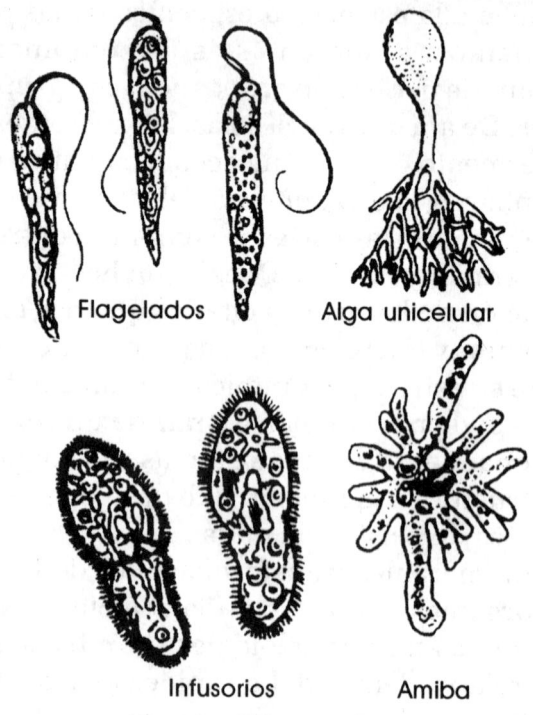

das, pues lograban incrementar el efecto catalizador de sus componentes por separado; otras podían ser desafortunadas, ya que podían reducir ese efecto, y, por lo tanto, aminorar el dinamismo general de todo el sistema. Pues bien, bajo la influencia del

LOS ORGANISMOS PLURICELULARES MÁS SENCILLOS

Posteriormente en las aguas del océano primitivo surgieron seres vivos formados por muchas células.

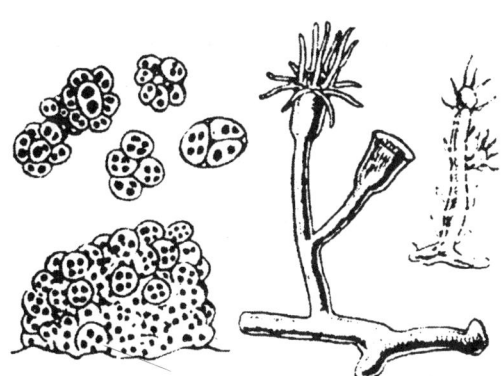

Colonia de algas cianoficeas

Polipo hidroide

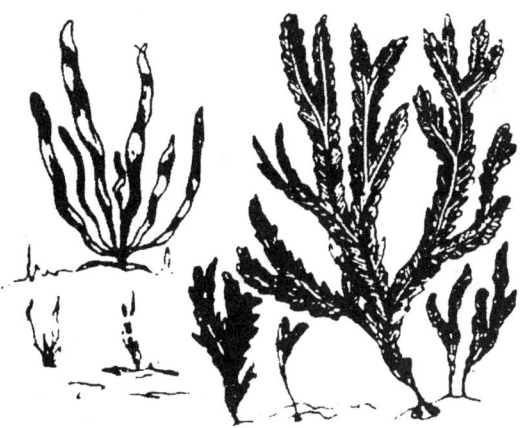

Algas cloroficeas

Algas feoficeas

medio exterior, estas últimas se destruían sistemáticamente, desaparecían de la faz de la Tierra. De ahí que para el desarrollo ulterior sólo permanecían las que cumplían sus funciones con la mayor rapidez y del modo más racional.

A raíz de ese proceso evolutivo, los catalizadores inorgánicos, los más simples, que en la solución de substancias orgánicas primitivas aceleraban en bloque grupos enteros de reacciones análogas, al llegar a nuestras formas coloidales fueron reemplazados poco a poco por fermentos más complejos, pero al mismo tiempo más perfectos, dotados no sólo de gran actividad, sino, además, de un efecto muy específico, mediante el cual sólo ejercían su acción sobre determinadas reacciones. Se comprenden fácilmente las enormes ventajas que traía la aparición de tales combinaciones químicas para la organización general de los procesos que tenían lugar en esas formas coloidales.

Desde luego, la evolución de los fermentos puede producirse solamente en el caso de que, junto a ella, se diese cierta regulación, cierta coordinación de las distintas reacciones fermentativas. Pues todo aumento substancial de la velocidad de tal o cual reacción únicamente podía afirmarse en el proceso evolutivo si significaba un adelanto desde este punto de vista, si no alteraba el equilibrio dinámico de todo el sistema, si, por el contrario, contribuía a aumentar el orden interno en la organización de la forma coloidal dada.

En los primeros coacervados, esta coordinación entre las distintas reacciones químicas era todavía muy débil. Las substancias orgánicas que llegaban del exterior y los productos intermediarios de la desintegración todavía podían sufrir en ellos transformaciones químicas en sentidos muy opuestos. Lógicamente en las primeras etapas del desarrollo de los coacervados, estas síntesis desordenadas también podían ayudar a la proliferación de la substancia organizada. No obstante, en estos casos, la organización de los sectores coloidales que se iban formando se trocaba constantemente y se encontraba seriamente amenazada del peligro de desintegración, de autodestrucción. Así, nuestros sistemas coloidales llegaron a poseer una estabilidad dinámica relativamente permanente sólo cuando los procesos de síntesis producidos en ellos se coordinaron entre sí, cuando en estos procesos se logró cierta repetición regular, cierto ritmo.

En el proceso de desarrollo de los sistemas coloidales individuales, lo que ofrecía más interés no eran las diversas combinaciones que se producían en ellos en forma accidental, sino la repetición constante de una determinada combinación, la aparición de cierta concordancia en las reacciones, que aseguraba la síntesis regular de esa combinación en el transcurso de la proliferación de la substancia organizada. De este modo surgió ese fenómeno que hoy denominamos: "capacidad de regeneración de protoplasma".

Basándose en esto se originó cierta estabilidad en la composición de nuestros sistemas coloidales. Sobre todo, ese ritmo de la síntesis repetido con regularidad, del que acabamos de hablar, se vio al mismo tiempo expresado en forma nítida en la estructura de las substancias proteínicas. La concordancia de las numerosas reacciones de síntesis, que en su conjunto llevaron a la formación de la molécula proteínico, excluía la posibilidad de que se combinasen en cualquier orden los diversos eslabones de la cadena polipeptídica. Por lo cual, la disposición arbitraria de los residuos de aminoácidos propia de las substancias albuminoideas primitivas, fue paulatinamente dando paso a una estructura más precisa de la micela albuminoideo.

Esta estabilidad de la composición química de las formas coloidales individuales originó cierta estabilidad estructural de las mismas. Las proteínas poseedoras de una determinada estructura, propia de cada sistema coloidal, ya no se mezclan entre sí al azar, sino con precisa regularidad. Por esa razón, en el proceso evolutivo de los coacervados primitivos, su estructura inestable, fugaz, demasiado dependientes de las influencias accidentales del ambiente, debió reemplazarse por una organización espacial dinámicamente estable que les asegurase el predominio de las reacciones fermentativas de síntesis sobre las de desintegración.

Así fue como se logró esa concordancia entre los diferentes fenómenos, esa adaptación —tan propia de la organización de todos los seres vivos— de la estructura interna al cumplimiento de determinadas funciones vitales en las condiciones concretas de existencia.

El estudio de la organización de las formas vivas más sencillas que existen en la actualidad, nos permite seguir el proceso de complicación y perfeccionamiento gradual de la organización de las estructuras descritas más arriba. Por último, ese proceso condujo a la aparición de una forma cualitativamente nueva de existencia de la materia.

De esta manera se produjo ese "salto" dialéctico que trajo la aparición de los seres vivos más simples en la superficie de la Tierra.

La estructura de esos sencillísimos organismos primitivos ya era mucho más perfecta que la de los coacervados, pero, no obstante esto, era incomparablemente más simple que la de los seres vivos más sencillos de nuestros días.

Aquellos organismos no poseían aún estructura celular, la cual surgió en una etapa muy posterior del desarrollo de la vida.

Fueron transcurriendo años, siglos, milenios. La estructura de los seres vivos se iba perfeccionando y se adaptaba más y más a las condiciones en que se desarrollaba la vida. La organización de los seres vivos iba siendo cada vez mayor. Al comienzo, sólo se alimentaban de substancias orgánicas. Pero al pasar el tiempo, esas substancias fueron escaseando tanto que a los organismos primitivos no les quedó más recurso que sucumbir o desarrollar, en el proceso evolutivo, la propiedad de formar de alguna manera substancias orgánicas a base de los materiales proporcionados por la naturaleza inorgánico, a base del anhídrido carbónico y el agua. Algunos seres vivos lo lograron, en efecto. En el proceso gradual de la evolución lograron desarrollar la facilidad de absorber energía de los rayos solares, de descomponer el anhídrido carbónico con ayuda de esa energía y de aprovechar el carbono así logrado para formar en su cuerpo substancias orgánicas. De este modo aparecieron las plantas más sencillas, las algas, cianofíceas, cuyos restos pueden encontrarse en sedimentos muy antiguos de la corteza terrestre.

Otros seres vivos mantuvieron su antiguo sistema de alimentación, pero lo que ahora les servía de alimento eran esas mismas algas cuyas substancias orgánicas eran aprovechadas por ellos. De este modo surgió en su forma primitiva el mundo de los animales.

"En los albores de la vida", a comienzos de la era llamada eozoica, tanto las plantas como los animales estaban representados por pequeñísimos seres vivos unicelulares, parecidos a las bacterias, a las algas cianoficeas y a las amibas de nuestros días. La aparición de organismos pluricelulares, constituidos por muchas células agrupadas en un solo organismo, fue un gran suceso en la historia del paulatino desarrollo de la naturaleza viva. Los organismos vivos iban siendo cada vez más complejos, su diversidad era cada vez más variada. En el transcurso de la era eozoica, que duró muchísimos millones de años, la población del océano primitivo llegó a poseer gran variedad y sufrió enormes cambios. Las aguas de los mares y océanos se poblaron de grandes algas, entre cuya maleza aparecieron numerosas medusas, moluscos, equinodermos y gusanos de mar. La vida entró en una etapa nueva, en la era paleozoica. Podemos juzgar el desarrollo de la vida en esta era por los restos fósiles de aquellos seres vivos que poblaron la Tierra hace muchos millones de años.

Pues hace más de quinientos millones de años que en ese periodo de la historia de la Tierra que se ha denominado periodo cámbrico, la vida hallábase concentrada todavía sólo en los mares y océanos. Todavía no aparecían los vertebrados que conocemos hoy día (los peces, los anfibios, los reptiles, las aves y las fieras).

Tampoco existían flores, hierbas ni árboles. Sólo las algas eran las únicas plantas. En cuanto a los animales no había más que medusas, esponjas, gusanos, anélidos, trilobites (próximos a los cangrejos) y diversos equinodermos.

En el periodo silúrico, que sustituye al cámbrico, brotaron las primeras plantas terrestres y, en el mar,

El origen de la vida

los primeros vertebrados, semejantes a las lampreas actuales. A diferencia de los peces, aun tenían mandíbulas. Y muchos de ellos estaban recubiertos de una coraza ósea.

Hace trescientos cincuenta millones de años, en el periodo llamado devoniano, aparecieron en los ríos y en las lagunas marinas peces auténticos, semejantes a los tiburones de hoy día y remotos predecesores de ellos; pero todavía no existían los actuales peces teleósteos, como la perca, el lucio o la brema.

Después de otros cien millones de años, llega el periodo carbonífero y surgen en la Tierra espesos bosques en los que crecen enormes helechos, la cola de caballo y el licopodio. Por las riberas de los lagos y de los ríos se arrastran innúmeros anfibios, de distintas clases.

Y lo mismo que los peces, estos animales desovaban en el agua. Su piel húmeda y viscosa se secaba fácilmente al aire, efecto que les impedía alejarse por mucho tiempo de los depósitos de agua. Pero a fines del periodo carbonífero aparecen ya los primeros reptiles. Su piel córnea los preservaba de la desecación, por cuyo motivo ya no estaban ligados a los depósitos de agua y podían diseminarse ampliamente por tierra firme. Los reptiles ya no desovaban en el agua, sino que ponían huevos.

Hace doscientos veinticinco millones de años, se inició un nuevo periodo, el periodo pérmico. Las filicíneas van siendo desplazadas poco a poco por los predecesores de las coníferas actuales; surgen las palmeras del sagú. Los anfibios primitivos ceden lugar a los reptiles, más adaptados al clima seco. Aparecen los primeros antepasados de los "terribles lagartos" o dinosaurios, gigantescos reptiles que en

123

periodos posteriores dominaron sobre la Tierra. Pero aún no habían aparecido aves ni fieras.

El reino de los reptiles se expande por la Tierra, sobre todo en los periodos jurásico y cretáceo. En ese tiempo hacen su aparición árboles, flores y hierbas muy parecidas a los actuales. Los reptiles pueblan la Tierra, las aguas y el aire. Por la superficie de la tierra caminan los terribles y gigantescos dinosaurios; surcan el espacio los "dragones volantes" o pteranodontes; en las aguas de los mares nadan animales carniceros, como las serpientes de mar, los ictiosaurios y los plesiosaurios.

Hace treinta y cinco millones de años comenzó el reino de las aves y de las fieras. A mediados del periodo terciario ya habían desaparecido la mayoría de los grandes reptiles, apareciendo innumerables especies de aves y de mamíferos, que ocupan una posición superior entre todos los animales. Sin embargo, los mamíferos de entonces eran muy diferentes a los actuales. Todavía no existían monos, ni caballos, ni toros, ni los renos ni elefantes que viven en la actualidad.

En el transcurso de la segunda mitad del periodo terciario, los mamíferos se van pareciendo cada vez más a los actuales. A fines de este periodo existen ya verdaderos renos, toros, caballos, rinocerontes, elefantes y diversas fieras. Y a principios de la segunda mitad del periodo terciario aparecen los monos: primero los cinocéfalos o monos inferiores, posteriormente los antropoides o monos superiores.

Hace un millón de años, en el limite del periodo terciario y cuaternario (último periodo, que dura hasta hoy día) aparecieron en la Tierra los pitecántropos, monos hombres que forman el eslabón intermedio entre el mono y el hombre.

Los pitecántropos ya sabían hacer uso de los instrumentos de trabajo más sencillos. Estos monos hombres desaparecieron. Sus sucesores fueron nuestros antepasados. Durante el cuaternario, en los duros tiempos del último periodo glacial, en el siglo del mamut y del reno boreal, ya vivían en la Tierra hombres auténticos, que por la constitución de su cuerpo eran iguales que los actuales.

A. I. Oparin

LOS ANIMALES Y LAS PLANTAS PUEBLAN LA TIERRA FIRME

En el periodo carbonífero (hace 250 millones de años), surgen en la Tierra apretados bosques en los que crecen gigantescos helechos, la cola de caballo y el licopodio. Por las márgenes de los lagos y de los ríos reptan numerosos anfibios de clases muy diversas.

Entre ellos, había unos que tenían tamaño gigantesco, como el eogirinus (1) y el baphetus (2), otros, en cambio, eran enanos, como los branquiosaurios (3). Al final de este periodo, los anfibios dieron principio a los primeros reptiles, que ya no estaban vinculados a los depósitos de agua y podían extenderse ampliamente por tierra firme.

Anfibios del periodo carbonífero

LA VIDA CONQUISTA DEFINITIVAMENTE LA TIERRA FIRME

En el periodo pérmico (hace 225 millones de años), las plantas filicíneas van siendo reemplazadas poco a poco por las gimnospermas, antepasados de las coníferas actuales. Brotan las palmeras del sagú. Los anfibios primitivos conceden sitio a los reptiles, mejor adaptados al clima seco. Algunos de ellos aún se asemejan mucho a los anfibios (los kotlasia-2). Aparecen grandes reptiles herbívoros (los pareisaurios-3) y otros que recuerdan, debido a muchas particularidades de su estructura, a las fieras (mamíferos). Entre ellos, había algunos animales carniceros (los inostrancevia-4), otros, por el contrario eran desdentados y herbívoros (los diconodontes-5). En el periodo pérmico surgen los primeros antepasados de los "terribles lagartos" o dinosaurios, gigantescos reptiles que, en épocas posteriores, dominaron la Tierra.

Reptiles antiguos del periodo pérmico

A. I. Oparin

EL DOMINIO DE LOS REPTILES EN LA TIERRA

En el período cretácico, que finalizó hace 600 millones de años, aparecen por primera vez arboles, flores y hierbas semejantes a los actuales. Es la época de mayor desarrollo de los reptiles, que a finales de este periodo desaparecen en masa. En el período cretácico, los reptiles pueblan la tierra, las aguas y el aire. La mayor heterogeneidad la ofrecen los gigantescos dinosaurios, muchos de los cuales caminaban apoyándose únicamente en las patas de atrás. Entre ellos figuraban el tacodonte, gigantesco e inofensivo (1), el tiranosaurio, feroz carnívoro (2), el estruciomimo, igualmente carnicero, aunque de tamaño más pequeño (3), el ticerátops, monstruos del periodo cretácico reptil cornúpeta, que andaba a cuatro patas (4). Surcaban el aire los "dragones" voladores o pteranodontes (5). En las aguas de los océanos nadan animales carnívoros, como las serpientes de mar los ictiosaurios y los plesiosaurios. En el periodo cretácico surgen en pequeño número las aves y las fieras, originadas por los reptiles en los periodos precedentes.

Monstruos del periodo cretácico

EL DOMINIO DE LAS AVES Y DE LAS FIERAS EN LA TIERRA

Hace 35 millones de años, a la mitad del periodo terciario, ya habían desaparecido la mayoría de los grandes reptiles, apareciendo gran diversidad de aves y de mamíferos, que abarcan una posición dominante entre todos los animales. Sin embargo, los mamíferos de aquel periodo eran muy distintos de los actuales.

Entre los ungulados figuran los uintaterios (1), remotos antecesores de los elefantes, los paleohippus (2), parientes no muy cercanos de los caballos. Entre los creodontes, —los carnívoros más antiguos— figuraban los dromeciones (3), semejantes a los perros, y los patriofelis (4), parecidos a las nutrias. También figuraban los extraños tiloterios (5), cuyos dientes eran parecidos a los de las ratas y erizos. También se hallan los primeros armadillos (6) y los primeros monos lemúridos (7).

La selva a mediados del periodo terciario

A. I. Oparin

EL DESARROLLO DE LA VIDA EN AGUAS DE LOS OCÉANOS Y DE LOS MARES MÁS ANTIGUOS

Hace ya más de quinientos millones de años que, en el periodo cámbrico de la historia de la Tierra, toda la vida estaba agrupada exclusivamente en los mares y los océanos. Por aquel tiempo, además de las plantas inferiores (1), surgieron también algas superiores y todos los tipos de animales invertebrados. Existían entonces animales unicelulares microscópicos, esponjas, arqueociátides, semejantes a ellas (2), medusas (3), gusanos anélidos (4 y 5), sagitas o flechas de mar (6), braquiópodos de concha bivalva (7 y 8), los primeros moluscos (babosas). También abundan sobre todo los trilobites, cercanos a los cangrejos (9). Aparecieron también diversos equinodermos. Algunos de ellos se adosaban a los diferentes objetos submarinos (10), otros, como las holoturias o cohombros de mar, se arrastraban por el fondo (11 y 12), aunque también había holoturias que podían nadar (13).

Habitantes del mar en el periodo cámbrico

APARICIÓN DE LOS PRIMEROS PECES

Al finalizar el periodo silúrico aparecieron verdaderos peces. En el devoniano (hace 350 millones de años) ya son extraordinariamente abundantes en las aguas dulces de las lagunas marinas, en las cuales se encuentran los antecesores de los actuales tiburones. Unos tenían el cuerpo cubierto por una coraza ósea (1 y 2), en el esqueleto de algunos de ellos se desarrollan ciertos huesos (3 y 4). Faltaban todavía los peces teleósteos actuales, cual la perca, el lucio o la brema, pero eran abundantes los crosopterigios (5 y 6), y los dipnoos (7), que podían respirar el aire con que henchían su vejiga natatoria. A finales de este periodo los crosopterigios dieron principio a los anfibios, primeros vertebrados terrestres.

Distintos peces del periodo devoniano

131

EN LA TIERRA APARECE EL HOMBRE

En el discurrir de la segunda mitad del periodo terciario, los mamíferos se van semejando cada vez más a los actuales. Es decir que a finales de este periodo existen ya verdaderos renos, caballos, toros, rinocerontes, elefantes y gran variedad de fieras. A principios de la segunda mitad del periodo terciario aparecen los monos; primero los cinocéfalos o monos inferiores, y después los antropoides o monos superiores.

Hace un millón de años en los linderos de los periodos terciario y cuaternario (último periodo), surgieron en la Tierra los pitecántropos, monos hombres que constituyen el eslabón intermedio entre el mono y el hombre. Los pitecántropos ya sabían cómo usar los instrumentos de trabajo más simples. Estos monos hombres se extinguieron. Sus descendientes, los hombres de Neanderthal u "hombres primitivos", son los antepasados de los hombres actuales, pero aquellos aún se diferencian de éstos. En las postrimerías del cuaternario, en los duros tiempos del último periodo glacial, en el siglo del mamut y del reno boreal, ya vivían en la Tierra hombres auténticos, que no se diferenciaban de los actuales.

La vida en la era cuaternaria

CONCLUSIÓN

Hemos revisado el largo camino que siguió el desarrollo de la materia y que condujo a la aparición de la vida en la Tierra. Al comienzo, vimos al carbono disperso en átomos sueltos por la atmósfera incandescente de las estrellas. Después, lo encontramos formando parte de los hidrocarburos que se formaron sobre la superficie de la Tierra. Más adelante estos hidrocarburos dieron derivados oxigenados y nitrogenados y se transformaron en las substancias orgánicas más simples. En las aguas del océano primitivo esas substancias constituyeron cuerpos más complejos. Surgieron las proteínas y otras substancias similares. Así fue como se formó el material de que están formados los animales y los vegetales. Al principio, este material se encontraba simplemente disuelto, pero luego se separó, formando los coacervados. Los coacervados primitivos tenían una estructura relativamente sencilla, mas paulatinamente se fueron efectuando en ellos cambios esenciales. Se hicieron cada vez más complejos y su forma cada vez más perfecta, hasta que finalmente se convirtieron en seres primitivos progenitores de todo lo vivo en la Tierra.

La vida siguió desarrollándose. Al comienzo, los seres vivos no poseían estructura celular. Mas en una determinada etapa del transcurso de la vida apareció la célula; primeramente surgieron organismos unicelulares y, después, organismos pluricelulares, que poblaron nuestro planeta. De esta manera la ciencia ha echado por tierra las lucubraciones religiosas acerca del principio espiritual de la vida y el origen divino de los seres vivos.

En nuestros días cuando ha sido estudiada con todo detalle la organización interna de los seres vivos, tenemos razones más que fundadas para pensar que, tarde o temprano, lograremos reproducir artificialmente esa organización y así demostrar fehacientemente, que la vida no es más que una forma especial de existencia de la materia. Los éxitos logrados últimamente por la biología soviética nos permiten confiar en que esa creación artificial de seres vivos tan sencillos no sólo es factible, sino que se obtendrá en un futuro cercano.

ÍNDICE

CAPÍTULO 1
LA LUCHA DEL MATERIALISMO CONTRA EL IDEALISMO Y LA RELIGIÓN EN TORNO AL APASIONANTE Y DISCUTIDO PROBLEMA DEL ORIGEN DE LA VIDA 7

CAPÍTULO 2
ORIGEN PRIMITIVO DE LAS SUBSTANCIAS ORGÁNICAS MÁS SIMPLES: LOS HIDROCARBUROS Y SUS DERIVADOS 29

CAPÍTULO 3
ORIGEN DE LAS PROTEÍNAS PRIMITIVAS 53

CAPÍTULO 4
ORIGEN DE LAS PRIMITIVAS FORMACIONES COLOIDALES 71

CAPÍTULO 5
ORGANIZACIÓN DEL PROTOPLASMA VIVO 85

CAPÍTULO 6
ORIGEN DE LOS ORGANISMOS PRIMITIVOS 103

Esta obra se terminó de imprimir
en los talleres de Ediciones Leyenda,
Ciudad Universitaria No. 11,
Colonia Metropolitana 2a. Sección,
Ciudad Nezahualcóyotl, Estado de México, C.P. 57730.